C YUYAN CHENGXU SHEJI SHIYAN JIAOCHENG

C语言程序设计实验教程

主 编 潘银松 高 瑜
副主编 颜 烨 张 强

重庆大学出版社

内容提要

本书是为配合《C语言程序设计基础教程》一书的教学而编写的,除了为配套教材中的全部习题提供详细的解答外,还根据教学内容设计了上机实验报告,既注重编程能力的培养,又强调上机环节的重要,是一本不可多得的教学参考书和学习辅导书。

本书理论与实践并重,专业与通识共管,全书从实用性出发,既阐述了程序设计的算法思想和技巧,又重点介绍了程序上机的调试技巧。本书既适合作为高等院校的C语言程序设计实验课程的教学辅导书,也可作为全国计算机等级考试复习指导用书和广大编程爱好者的自学读物。

图书在版编目(CIP)数据

C语言程序设计实验教程 / 潘银松,高瑜主编. --
重庆:重庆大学出版社,2019.8(2025.8 重印)
计算机科学与技术专业本科系列教材
ISBN 978-7-5689-1779-7

Ⅰ. ①C… Ⅱ. ①潘… ②高… Ⅲ. ①C语言—程序设
计—高等学校—教材 Ⅳ. ①TP312.8

中国版本图书馆 CIP 数据核字(2019)第 182852 号

C 语言程序设计实验教程

主　编　潘银松　高　瑜
副主编　颜　烨　张　强
责任编辑:杨粮菊　　版式设计:杨粮菊
责任校对:王　倩　　责任印制:张　策

*

重庆大学出版社出版发行
社址:重庆市沙坪坝区大学城西路 21 号
邮编:401331
电话:(023) 88617190　88617185(中小学)
传真:(023) 88617186　88617166
网址:http://www.cqup.com.cn
邮箱:fxk@cqup.com.cn(营销中心)
全国新华书店经销
重庆天旭印务有限责任公司印刷

*

开本:787mm×1092mm　1/16　印张:10.25　字数:258千
2019 年 8 月第 1 版　　2025 年 8 月第 7 次印刷
印数:11 401—13 400
ISBN 978-7-5689-1779-7　定价:39.80 元

前 言

　　本书主要结合全国高等学校计算机水平考试、全国计算机等级考试以及蓝桥杯竞赛,抽取一些典型的例题进行分析,对参加计算机水平测试和竞赛的同学具有一定的指导作用。本书在编写时也打破了传统实验教程的写法,所有问题都从程序分析、程序演示、程序结果3个部分进行了描述,让读者学会分析问题,并提高解决问题的能力;另外,还增加了常见错误信息表,加强了学生在自主练习时主动查找、解决问题的能力。

　　本书的读者主要面向的是各类高校在校生,可与潘银松、颜烨等主编的《C语言程序设计基础教程》配套使用。全书由潘银松、高瑜担任主编,颜烨和张强担任副主编,潘银松负责实验3和附录的编写,高瑜负责了实验1、实验2、实验4的编写,颜烨负责了实验5、实验9、实验10和实验11的编写,张强负责了实验6、实验7、实验8和实验12的编写。在全书的策划和出版过程中,从事教学工作的肖潇、梁艳华、周林等同事给予了关心和帮助,他们为本书的编写提出了很多宝贵的建议。本书还得到重庆大学计算机学院的大力支持,重庆大学曾一教授及符欲梅副教授也为本书的编写提出了许多建设性意见,在此表示衷心的感谢。

　　由于作者水平有限,书中难免会有一些不足之处,希望读者不吝赐教,以便再版时修正,如有更好的意见,欢迎与我们联系。

编　者

2019 年 6 月

目录

实验 1
简单程序设计

(1)实验目的

①掌握 1~2 个 C 语言编译环境的安装,熟悉环境的操作界面。

②掌握如何在安装环境下正确创建工程和 C 文件。

③掌握的 C 语言基本框架。

④掌握 printf( )函数的简单使用以及转义字符的功能。

⑤培养良好的编码习惯。

(2)实验要求

①需要在自己的电脑上安装一个 C 语言的编译环境,如 Code∷Blocks、Visual studio(后面缩写为 VS)等,并能够在相应的环境下创建工程和文件。

②在书中完成实验内容部分每个程序的分析环节,可以画流程图、使用自然语言和伪代码等方法实现。

③在编译环境下用程序成功编译每个案例,多次测试程序,并把每次测试的结果填写到教材实验内容部分的运行结果处。

④课后在教材案例的参考程序部分,认真完成填写。

⑤认真独立地完成每一个实验。

(3)实验实例

在进行实例的编写前,先讲解两个常见编译环境的安装以及创建工程的过程,这些需要读者按照步骤,课下在自己的电脑上实现,如果读者有其他的 C 语言编译环境也可以使用,不强制使用教材中列出的两款软件。

1)安装 Code∷Blocks 以及创建 C 文件。

①在百度等搜索引擎搜索 Codeblocks 或直接输入网 http:∥www. codeblocks. org/进入 Code∷Blocks 官网,如图 1-1 所示。

②进入下载页面,一般使用的话,选择安装二进制版,如图 1-2 所示。

③选择合适的版本,本书下载的是适用于 Windows 的带编译器等工具的版本,也是最常用

的版本,如图 1-3 所示。

④下载完成后启动安装程序,安装过程比较简单,根据提示点击 next 或者 I Agree 按钮就可以了。需要注意的就是看读者需不需切换软件的安装目录,如果需要,可以按照图 1-4 所示进行操作。

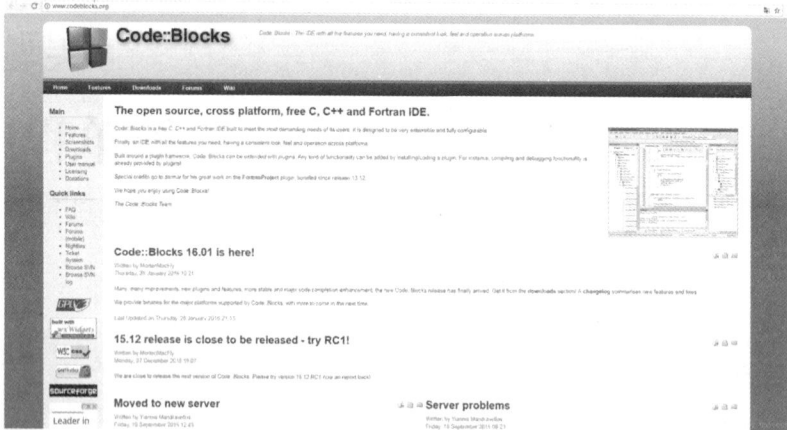

图 1-1　进入软件官网页面

图 1-2　下载界面

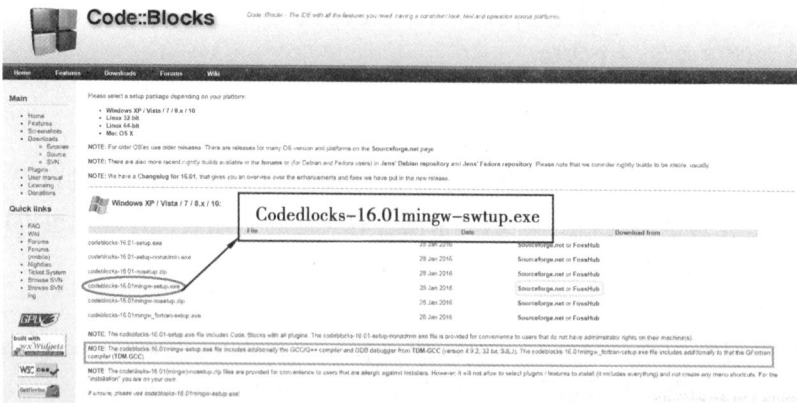

图 1-3　软件版本选择

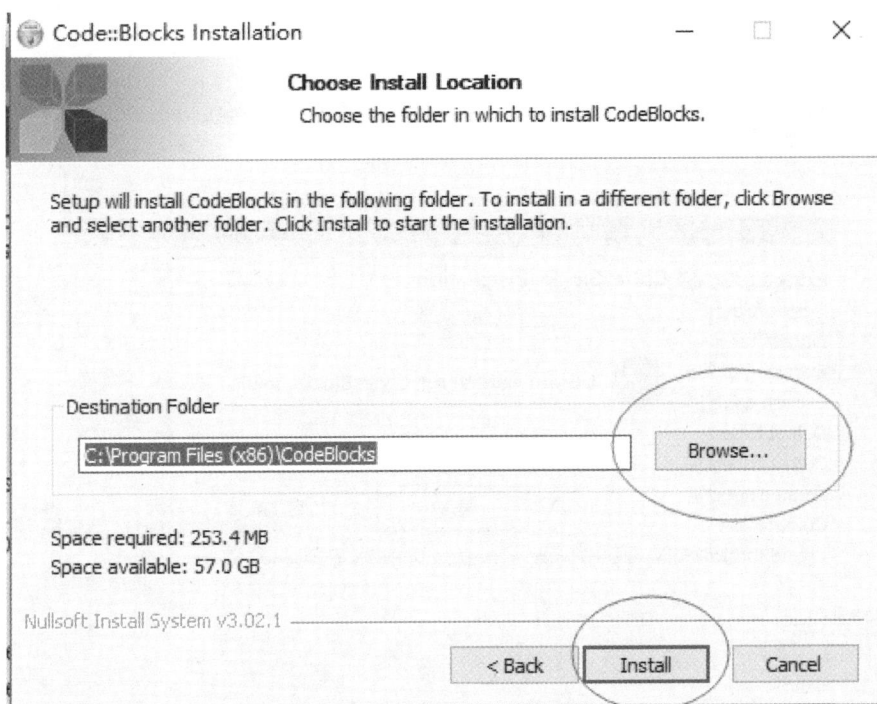

图 1-4　修改软件的安装路径

⑤接下来就是耐心等待软件在电脑上的安装,这个过程一般两分钟就可以完成,如图 1-5 所示。安装完成后会提示是否马上运行软件,如图 1-6 所示。

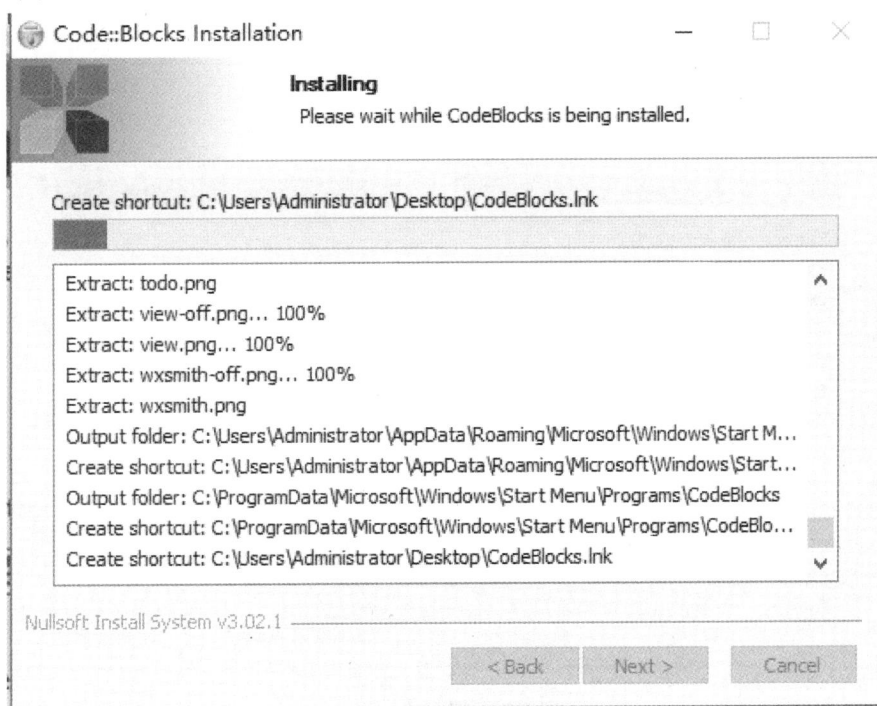

图 1-5　安装过程界面

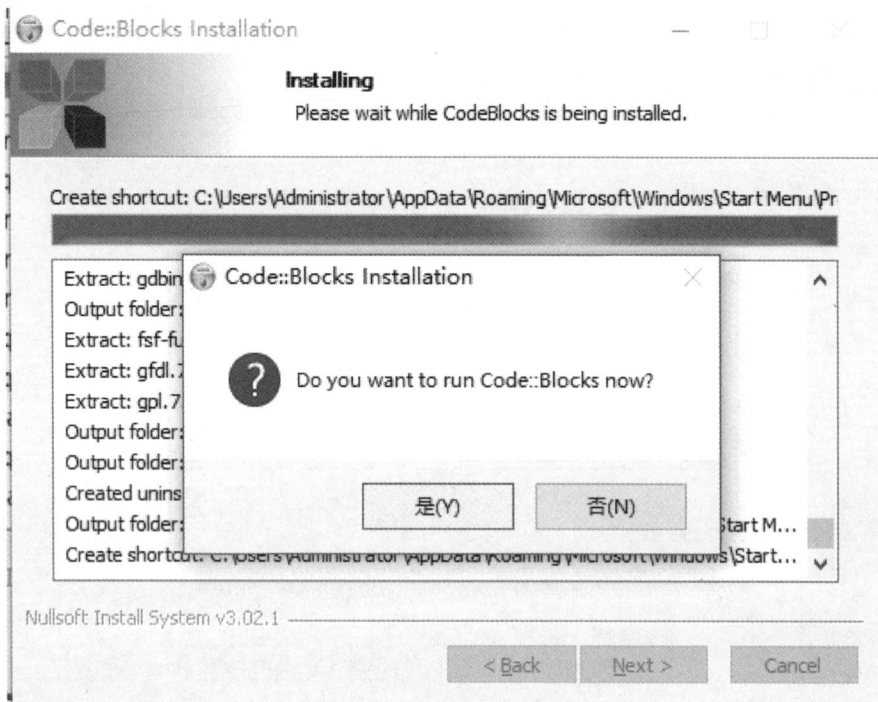

图1-6　提示是否马上运行软件

⑥最后提示软件安装成功，如图 1-7 和图 1-8 所示。

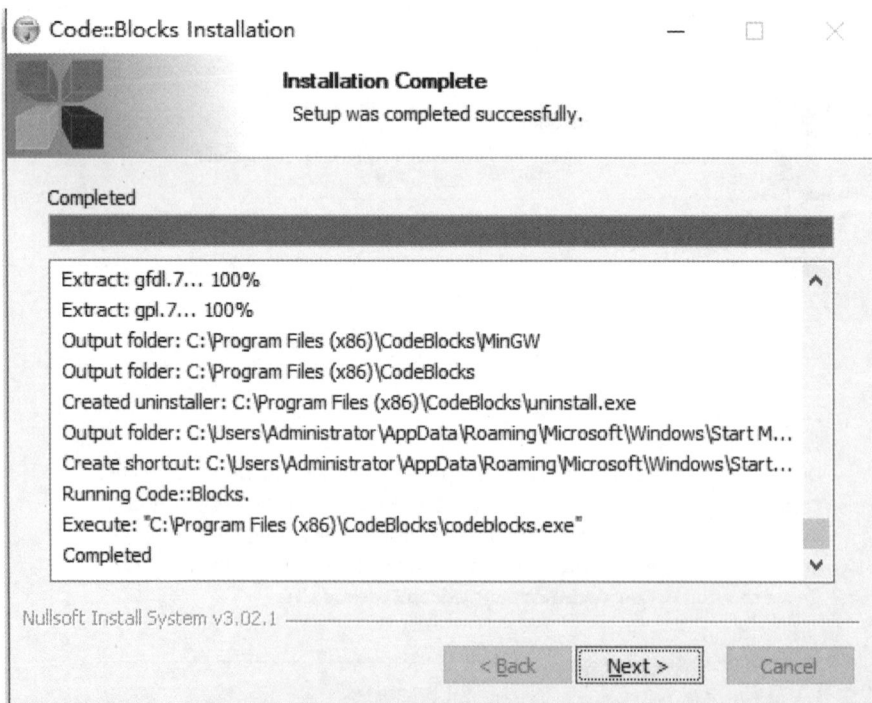

图1-7　安装完成界面

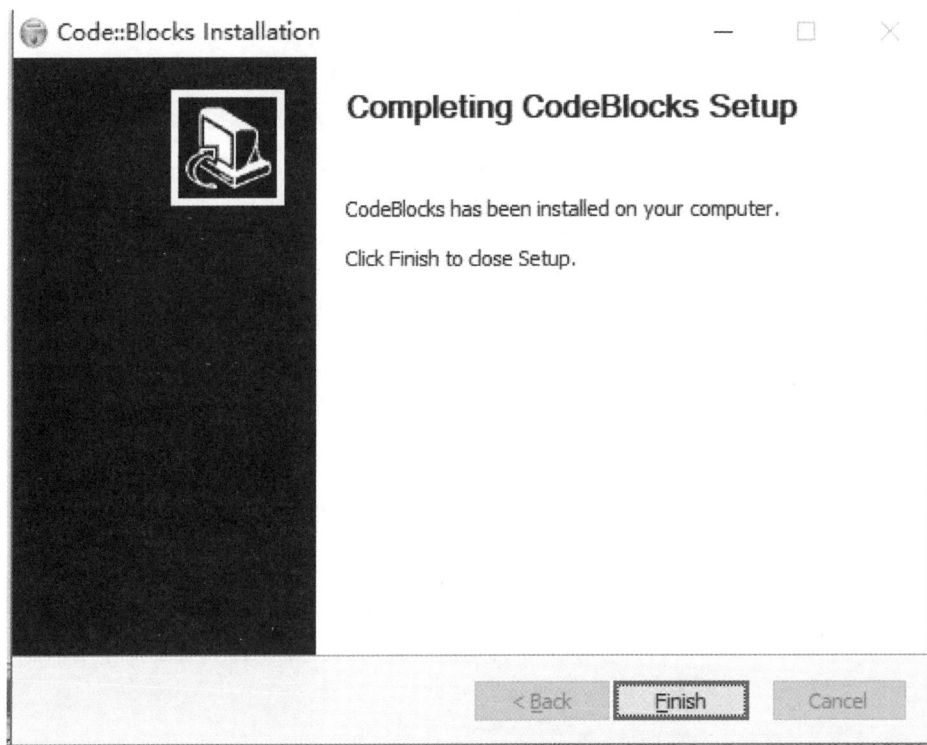

图 1-8　关闭安装界面

⑦首次使用会有如图 1-9 所示的界面,让读者知晓软件使用的默认编译器。然后进入软件的首界面,如图 1-10 所示。

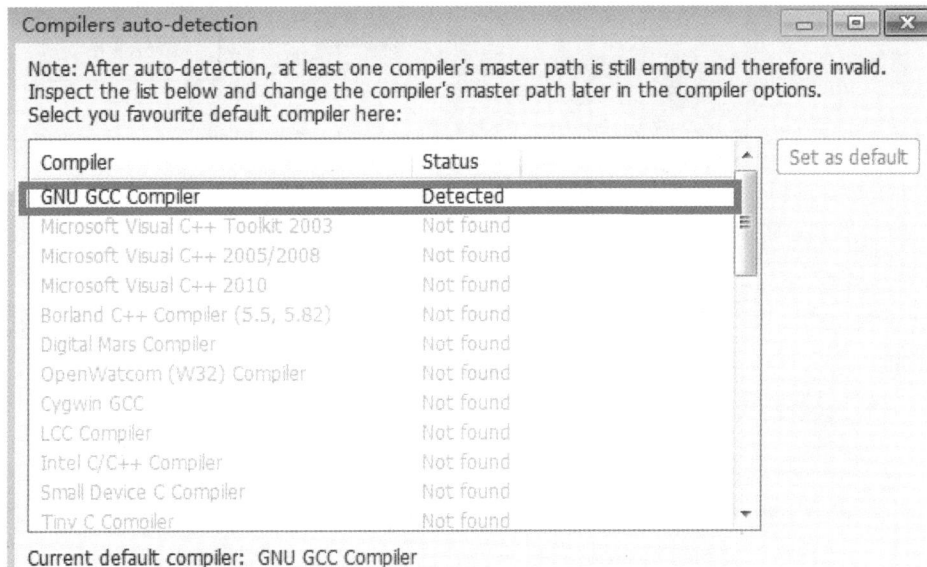

图 1-9　默认的编译器

⑧双击图标打开文件,进入软件首界面,第一次使用选择"创建新工程",后面可以选择"打开已有的工程",如图 1-10 所示。

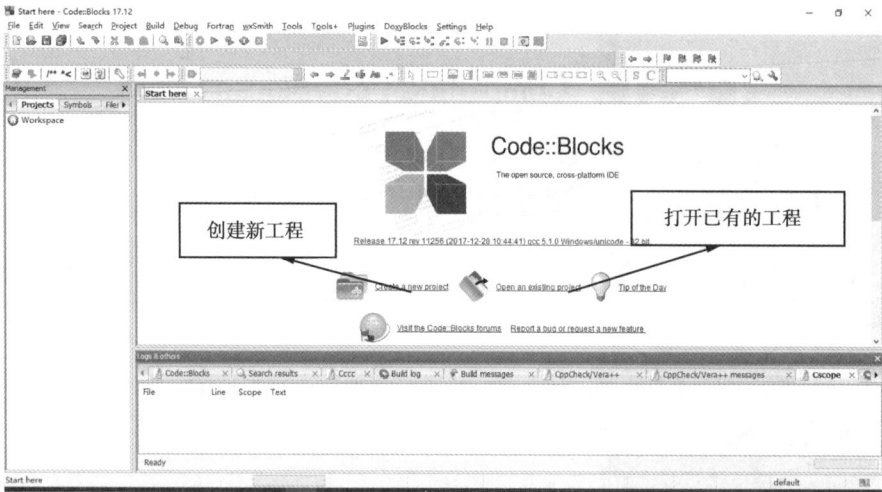

图 1-10　软件首界面

⑨点击创建新工程之后,进入模板选择,选择 Console application 控制台程序,如图 1-11 所示,然后选择 C,后续对应的文件扩展名是".c",不要选择 C++,因为这时对应的扩展名是".cpp",如图 1-12 所示。两者的语法是存在差异的。

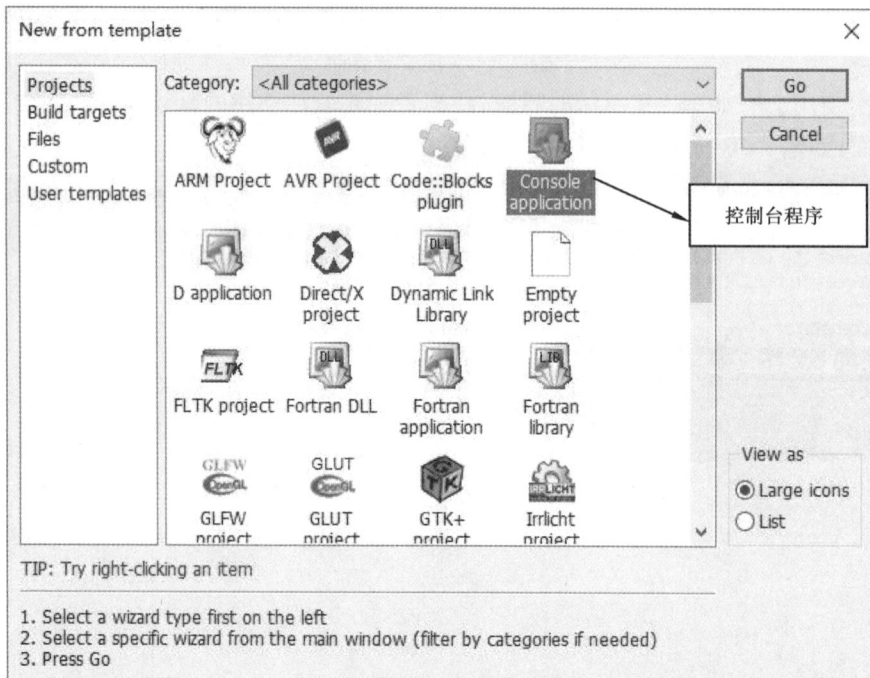

图 1-11　创建模板界面

⑩需要给工程取一个名字,这里起名为 hello,然后选择创建的工程要存放在电脑磁盘的位置,其他自动生成不需要处理,如图 1-13 所示。之后会让使用者选择编译器,这里默认软件提供的 GNU GCC Compiler 编译器,如图 1-14 所示。

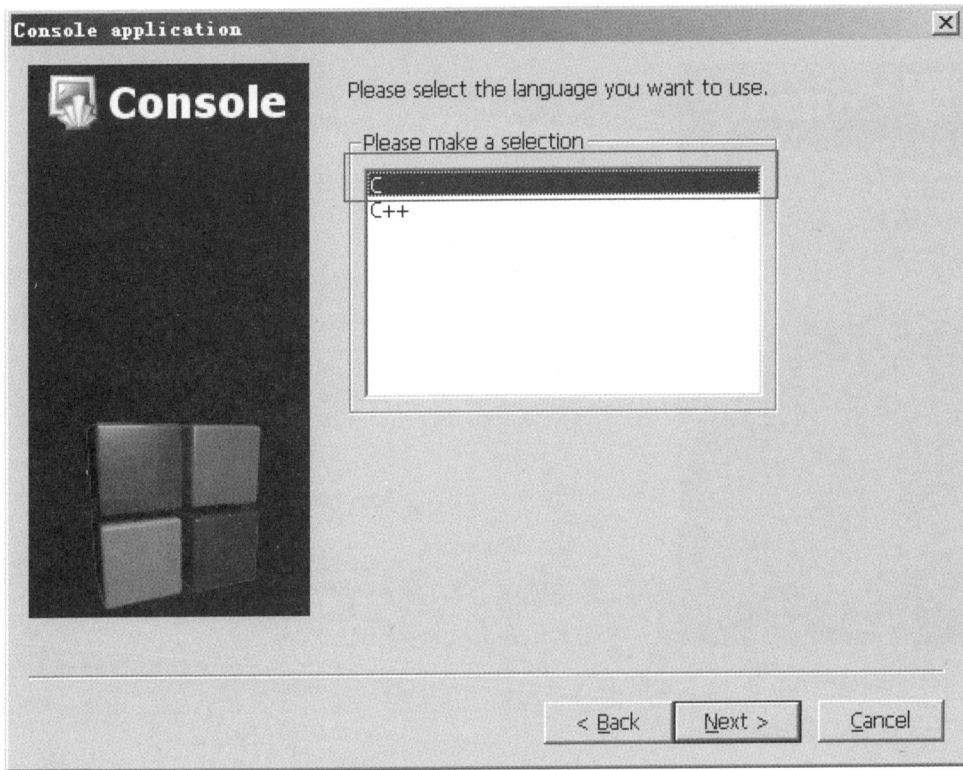

图 1-12　选择 C 语言

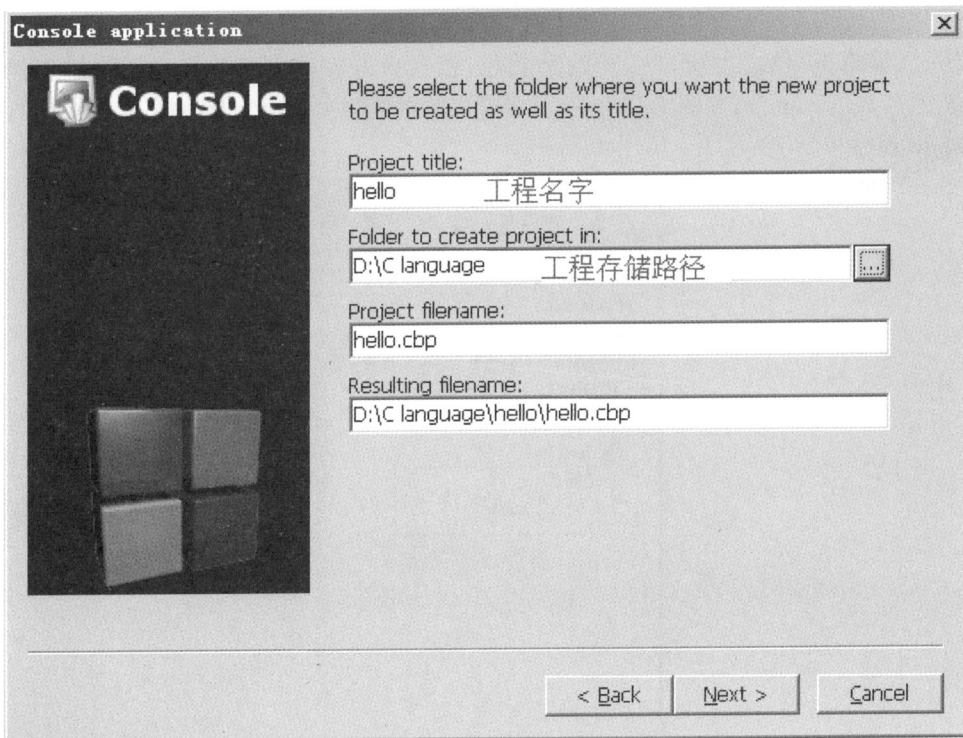

图 1-13　工程名和路径选择

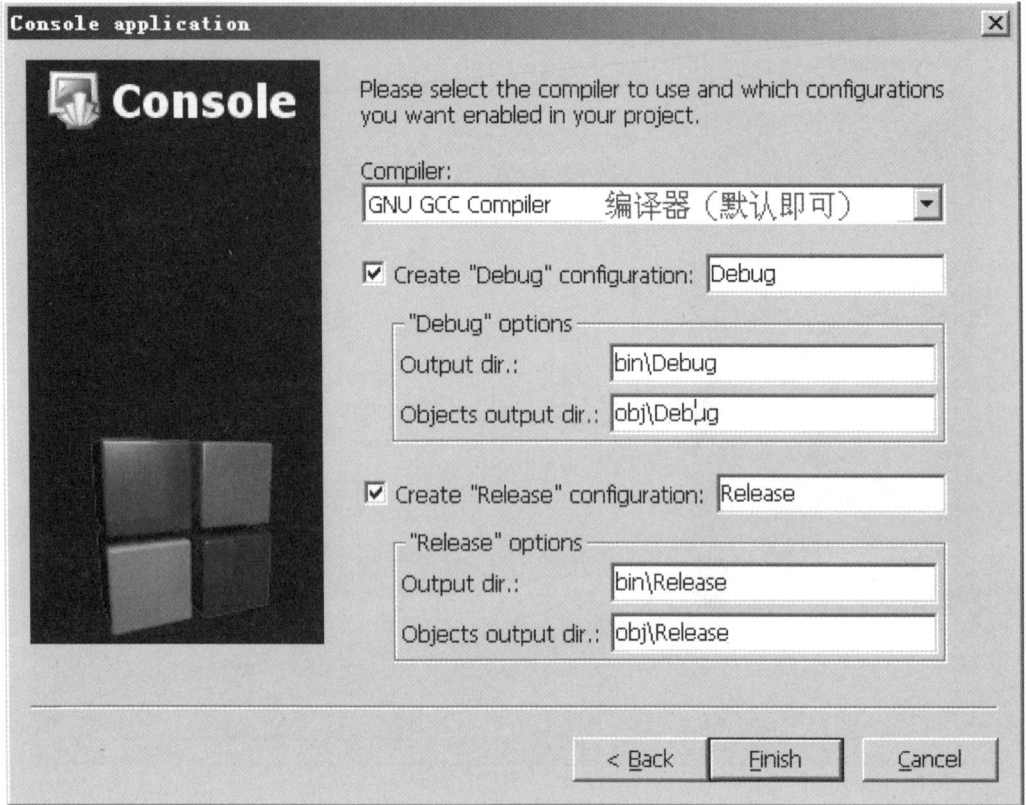

图 1-14　默认编译器

⑪进入编辑窗口后，主窗口一开始是灰色，依次点开左侧 hello（前面创建的工程名）、Sources，然后双击 main.c，如图 1-15 所示。在窗户的右侧就可以看到第一个 C 语言程序——hello world 程序。

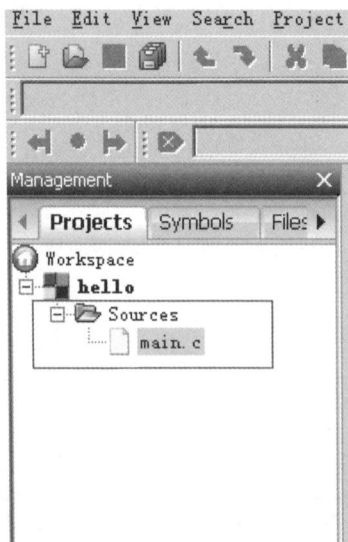

图 1-15　打开文件界面

```
#include < stdio. h >
#include < stdlib. h >
int main( )
{
    printf("Hello world! \n");
    return 0;
}
```

⑫编译运行程序,可以按下工具栏的 🔧,这是编译与执行联合功能,当然也可以分开先点击按钮 ⚙ ,再点击按钮 ▶ 。此时会在窗口的下方出现相关的编译信息,这里至少要保证 0 error(s),否则程序是无法执行的。有些程序出现警告不会影响执行过程,但是会影响执行结果,最好达到如图 1-16 所示的 0 error(s), 0 warning(s)。

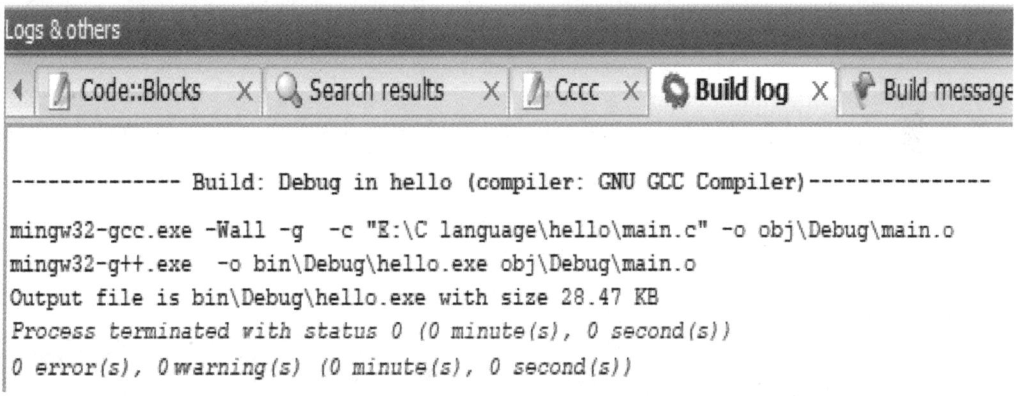

图 1-16　编译信息展示

⑬正常情况下,就会出现 cmd 窗口,此时就可以看到显示的内容,如图 1-17 所示。下面还有一行 return 返回 0 值给系统,以及程序执行的时间。

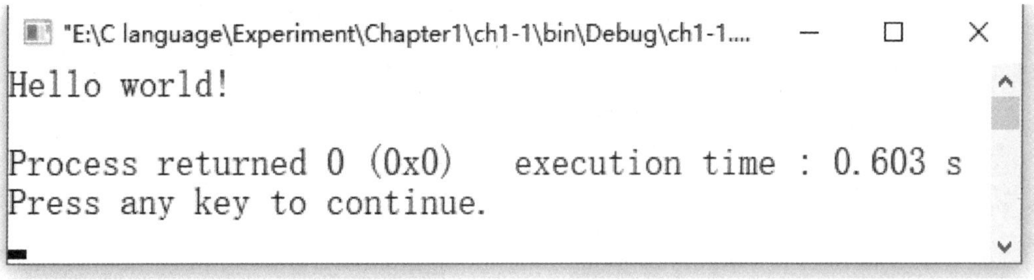

图 1-17　结果显示界面

2)安装 Visual Studio 2015 以及创建 C 文件。

①双击镜像文件后会弹出如下的对话框,选择"运行 vs_community. exe"即可进入安装程序。开始安装后,会出现等待界面(可能需要几分钟)。之后就进入初始化安装程序的界面,如图 1-18 所示。

②如果你的计算机配置不恰当,VS 安装程序会给出警告,如图 1-19 所示。出现该警告是由于我的计算机没有安装 IE10。忽略该警告,点击"继续"按钮。

图 1-18　初始化界面

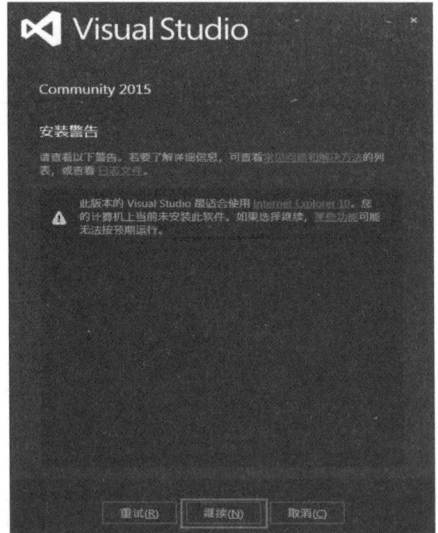

图 1-19　警告界面

③选择安装位置以及安装方式,如图 1-20 所示。本书将 VS2015 安装在 D:\Program Files\ 目录下,你也可以安装在别的目录。VS2015 除了支持 C/C ++ 开发,还支持 C#、F#、VB 等其他语言,我们没必要安装所有的组件,只需要安装与 C/C ++ 相关的组件即可,所以这里选择"自定义",选择要安装的组件。我们不需要 VS2015 的全部组件,只需要与 C/C ++ 相关的组件,所以这里只选择了"Visual C ++",将其他用不到的组件全部取消勾选了,如图 1-21 所示。

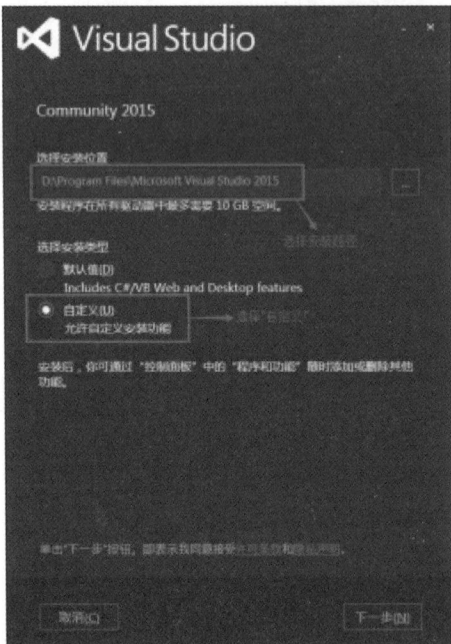

图 1-20　安装路径选择

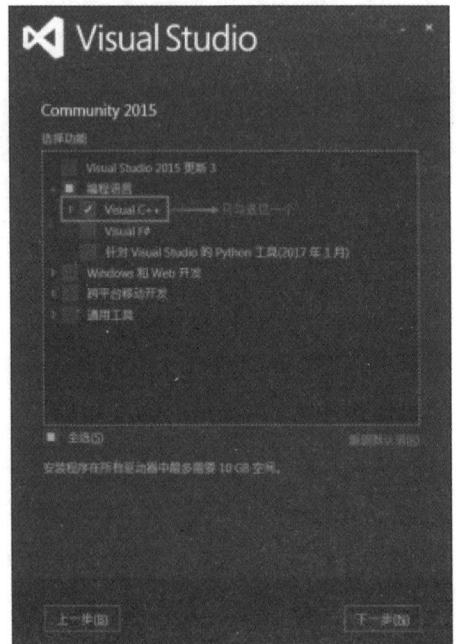

图 1-21　选择 Visual C ++

④点击"下一步"按钮,弹出如下的确认对话框,点击"安装"按钮开始安装,如图 1-22 所示。接下来进入漫长的等待过程,可能需要半个小时左右,如图 1-23 所示。安装完成后,

VS2015 可能会要求重启计算机,同意即可。

图 1-22 开始安装

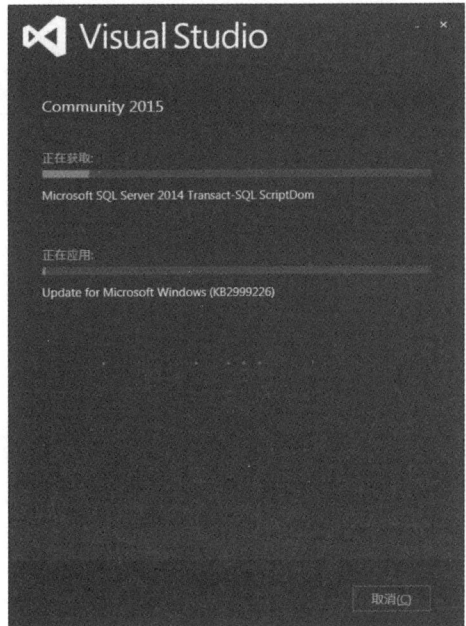

图 1-23 安装界面

⑤重启完成后,打开"开始菜单",发现多了一个"Visual Studio 2015"的图标,就证明安装成功了。首次使用 VS2015 还需要简单的配置,主要包括开发环境和主题风格。启动 VS2015,会提示登录,如果你不希望登录,可以点击"以后再说",如图 1-24 所示。接下来选择环境配置,如图 1-25 所示。

图 1-24 登录界面

图 1-25 环境配置界面

使用 VS2015 进行 C/C ++ 程序开发,所以选择"Visual C ++"这个选项。至于颜色主题,读者可以根据喜好选择。等待几分钟的准备过程，VS2015 就启动成功了，如图 1-26 所示。

图 1-26　软件准备阶段

⑥依次选择菜单上的文件、新建、项目，或者使用快捷键：Ctrl + Shitf + N，如图 1-27 所示。

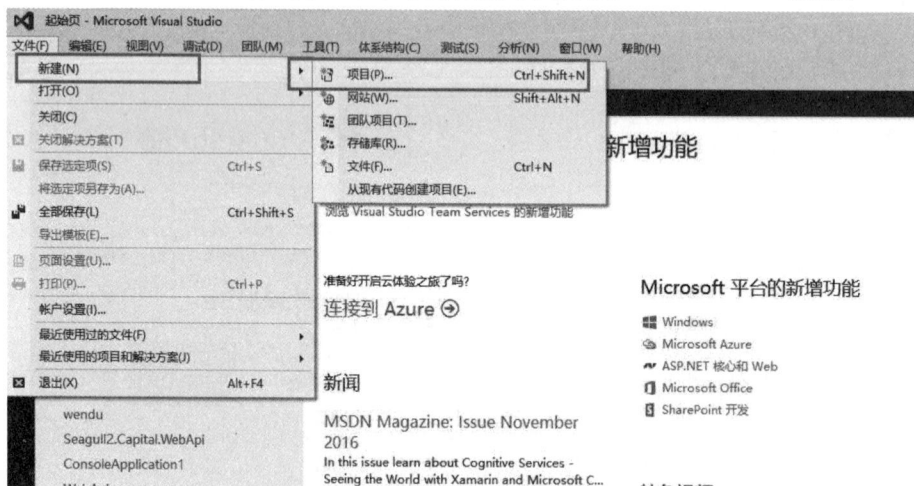

图 1-27　VS 创建项目

⑦之后会打开如图 1-28 所示的界面，依次选择右边、已安装、模板、Visual C ++、Win32、Win32 控制台应用程序，在名称处输入"Hello World"，位置处设置项目要存放的路径，最后点击确定。

⑧在进入向导界面后，一个是要选中控制台应用程序，另一个是要选中空项目，否则软件会创建出一些对于初学者来说陌生的东西，如图 1-29 所示。

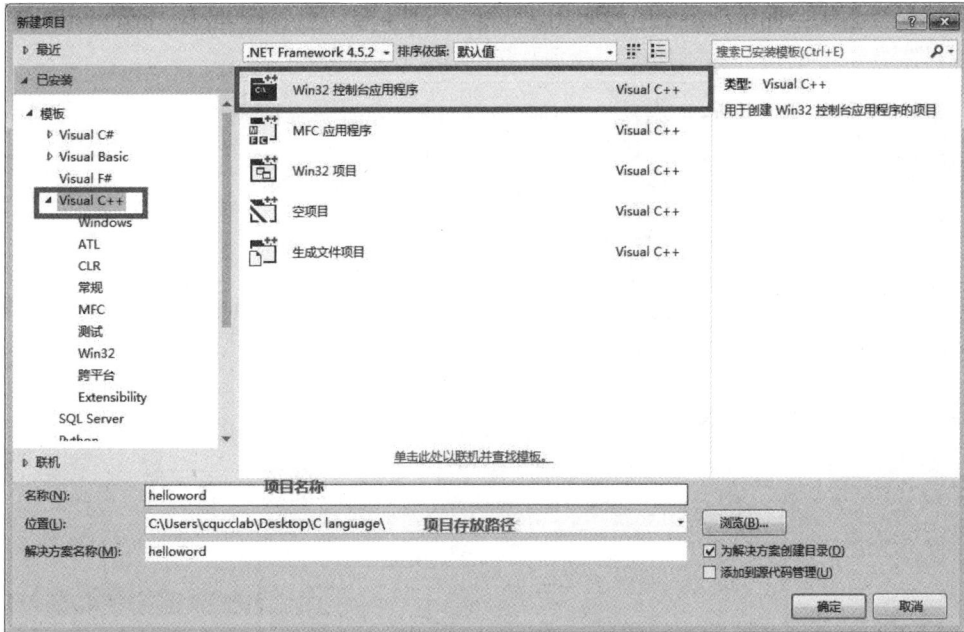

图 1-28　选择和填写项目信息

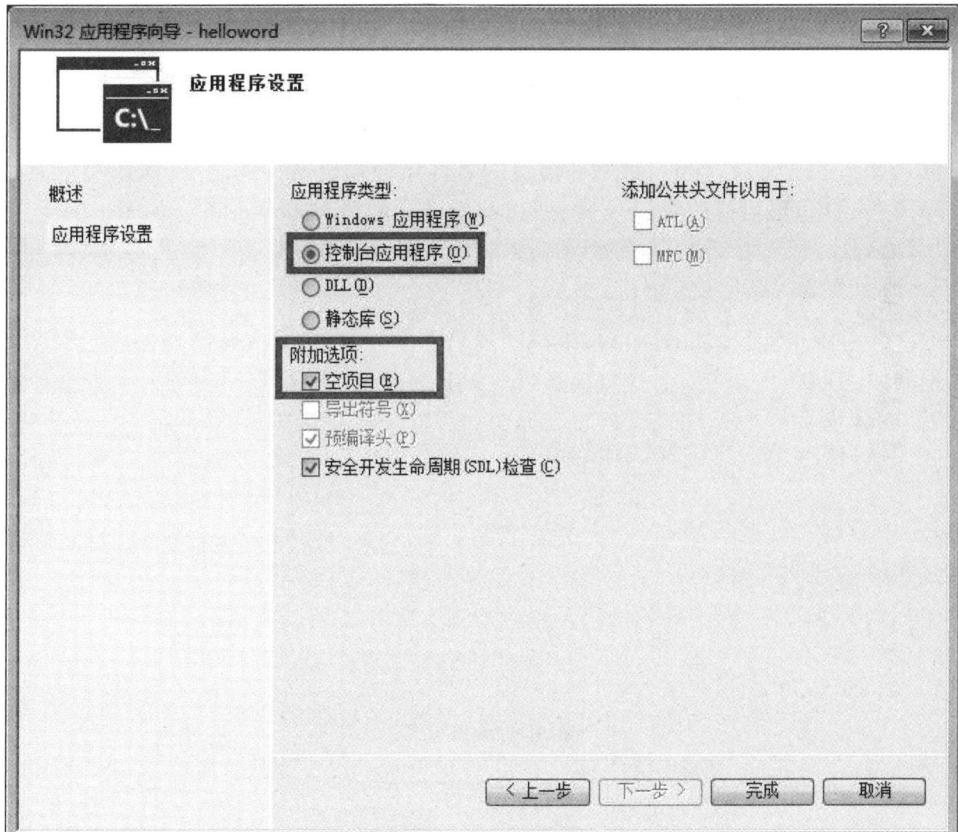

图 1-29　信息强调界面

⑨在主界面的右侧窗口中,展开解决方案"Hello World",然后右键点击 helloworld 项目,在弹出的级联菜单中依次选择添加和新建项功能,如图1-30 所示。

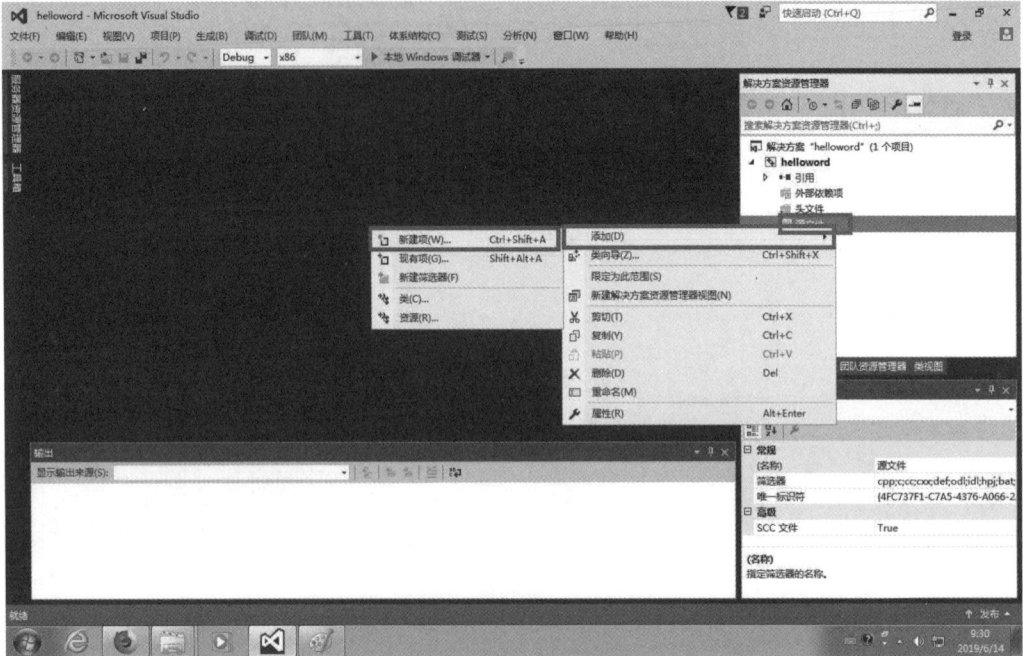

图 1-30　新建文件

⑩在弹出的界面的左侧依次展开已安装和 Visual C++模块,然后选择代码。接下来在窗口的右侧选择 C++文件(.cpp),最后在窗口的名称里面输出文件的名字,默认的依然是创建一个.cpp 文件,这里最后修改为.c 文件,所以此处填写的是 HelloWorld.c,如图1-31 所示。

图 1-31　创建新文件

⑪接下来在右窗口双击 HelloWorld 项目下的源文件 HelloWorld. c。在主窗口读者自行添加以下代码：

```
#include < stdio. h >
int main( )
{
    printf("Hello World! \n");
    return 0;
}
```

⑫运行结果,选择调试→开始执行(不调试)或者快捷键 Ctrl + F5,结果如图 1-32 所示。我们应该注意到,两个环境显示的信息是有所不同的。

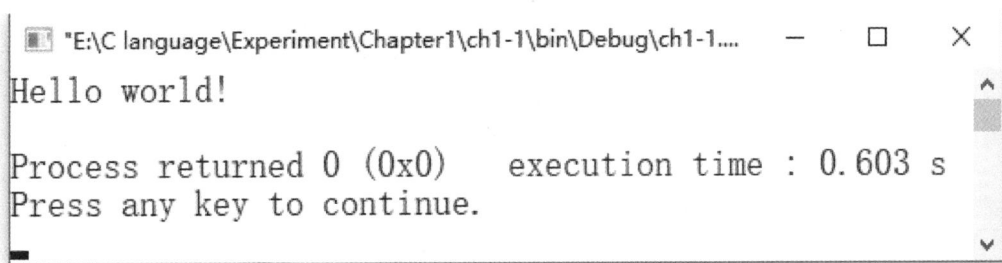

图 1-32　程序结果展示

注意:VS 有时会出现结果窗口闪退的情况,也就是说看不到执行结果(如图 1-32 所示的界面),这里给大家提供几种解决方法。

方法 1:在程序末尾加上语句:"system("pause");",但是需要头文件#include < stdlib. h > ,这样运行结束后就会显示结果,并提示请按任意键继续。

```
#include < stdio. h >
#include < stdlib. h >
int main( )
{
    printf("Hello Word! \n");
    system("pause");
    return 0;
}
```

方法 2:修改项目配置,右键点击项目,在右键菜单中选择属性,如图 1-33 所示,然后在弹出的对话框左侧列表中选择"配置属性——链接器——系统",然后在右侧的列表中,在第一项"子系统"的值中选择"控制台(/SUBSYSTEM:CONSOLE)",如图 1-34 所示。

当环境准备就绪后,就可以在环境中开始编程了。

图 1-33　打开属性

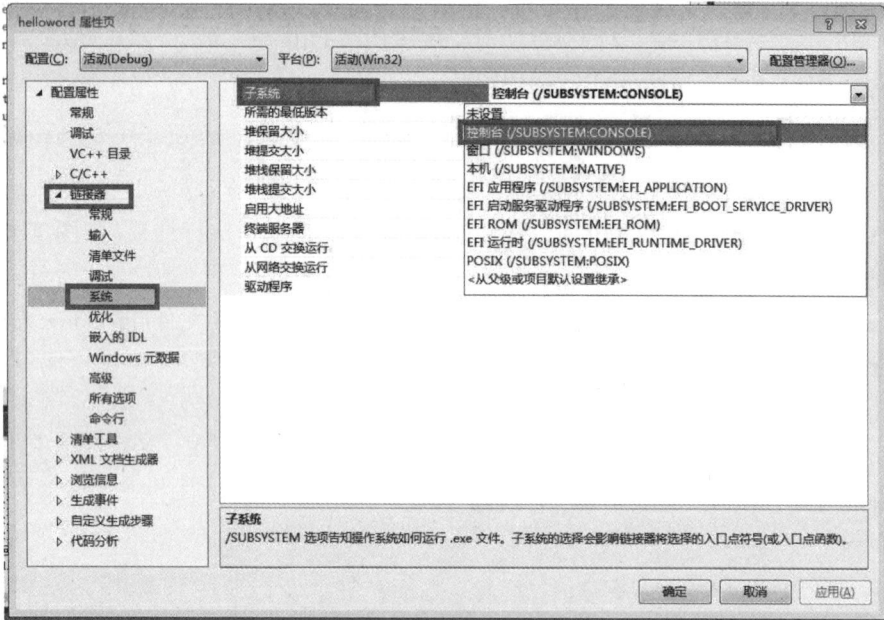

图 1-34　设置控制台

3）编写程序,在屏幕上显示如下内容:"这是我大学生活的第一个程序,欧耶!"

　　【程序分析】根据题目,我们发现该题目只显示了一行文字出来,示例程序中学习到,如果只是原样输出某些内容,我们借助 printf( )函数就可以,而且只需要一个参数,该参数必须用双引号""引起来。

　　【参考程序】

```
#include  < stdio. h >
#include  < stdlib. h >                //目前用不到,可以不包含该库文件。
int main( )
{
```

```
    printf("这是我大学生活中的第一个程序,欧耶!");
    return 0;
}
```

【运行结果】如图 1-35 所示。

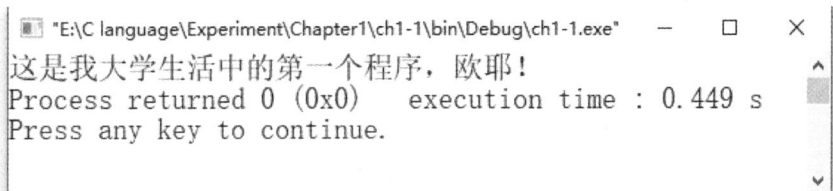

図 1-35　运行结果

4)编写程序,在屏幕上显示如下图案。

```
* * * * * * *
* * * * * *
* * * * *
* * * *
* * *
* *
*
```

【程序分析】结合目前所学的知识,发现这个无非就是多输出几行内容,每一行内容稍微有些区别,最终组合起来形成一个整体效果。原样输出内容还是使用 printf( ) 函数。同时还需要注意转义字符"\n"的使用。

【参考程序】

```
#include <stdio.h>
#include <stdlib.h>
int main()
{
    printf(" * * * * * * * \n");
    printf(" * * * * * * \n");
    printf(" * * * * * \n");
    printf(" * * * * \n");
    printf(" * * * \n");
    printf(" * * \n");
    printf(" * \n");
    return 0;
}
```

【运行结果】如图 1-36 所示。

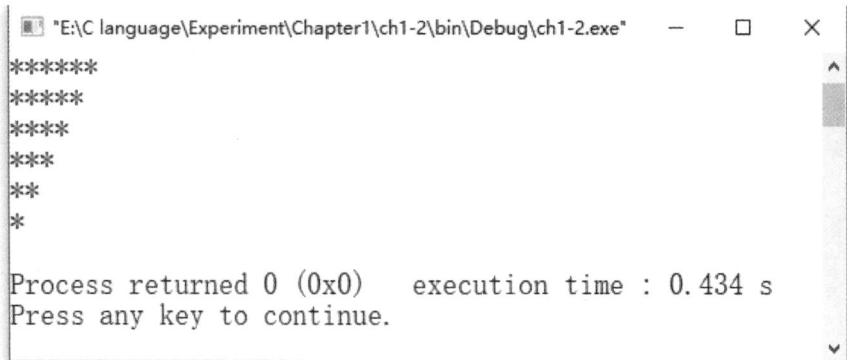

图 1-36　运行结果

（4）实验内容

①编写程序，在屏幕上显示如下内容，需要使用不少于 2 种转义字符。

学号	姓名	专业	班级

【程序分析】

【参考程序】

②编写程序，在屏幕上显示如下用 * 组合而成的图案。

```
   *
  ***
 *****
*******
 *****
  ***
   *
```

【程序分析】

【参考程序】

(5)**实验拓展**

①编写程序,在屏幕上输出用星号"＊"组成的你姓名拼音首字母的图案。

②编写程序,在屏幕上输出用星号"＊"组成如图 1-37 所示的图案。

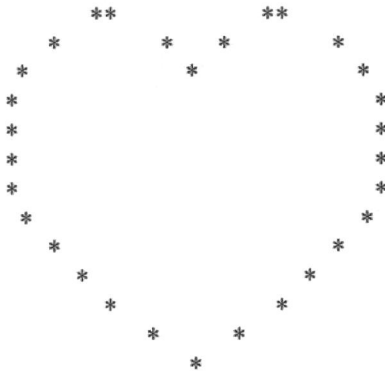

图 1-37　"＊"组成图案

③输出你的系统下,int、float、double 和 char 4 种类型所占的字节数。提示:运用 sizeof( ) 字符运算符。

④从 1 到 9 任选一个你喜欢的数字,先乘以 3,再加上 3,再乘以 3,最后把个位数和十位数 相加,得到结果是什么?

实验 **2** 顺序结构程序

---

(1) 实验目的

①掌握标准输入输出函数的使用。
②熟练使用数据类型、变量和常量。
③能用程序解决基本的数学问题。
④培养良好的编码习惯。

(2) 实验要求

①在书中完成实验内容部分每个程序的分析环节,可以画流程图、使用自然语言和伪代码等方法实现。
②在编译环境下用程序成功编译每个案例,多次测试程序,并把每次测试的结果填写到教材实验内容部分的运行结果处。
③课后在教材案例的参考程序部分,认真完成填写。
④认真独立完成每一个实验。

(3) 实验实例

1)编写程序,用两种方式实现在键盘上输入一个大写字母,然后在屏幕中显示对应的小写字母。比如从键盘上输入"A",屏幕中会出现字母"a"。

【程序分析】C 语言中有标准的输入输出函数,那就是 printf 和 scanf,可以完成我们数据类型下内容输入和输出。当输入输出的内容是单字符时,C 语言中又提供了 putchar 和 getchar 函数。再有字符也是可以参与运算的,它们在运算时会转换成对应的十进制数来进行,大小字母之间差了 32,且大写字母比小写字母小。

【参考程序】
方法 1:

```
#include  < stdio. h >
#include  < stdlib. h >
int main( )
```

```
{
    char ch;
    printf("请输入一个大写字母:");
    scanf("%c",&ch);
    ch = ch +32;
    printf("转换后为:%c",ch);
    return 0;
}
```

方法 2:

```
#include  <stdio.h>
#include  <stdlib.h>
int main()
{
    char ch;
    printf("请输入一个大写字母:");
    ch = getchar();
    ch = ch +32;
    printf("转换后为:");
    putchar(ch);
    return 0;
}
```

【运行结果】如图 2-1 所示。

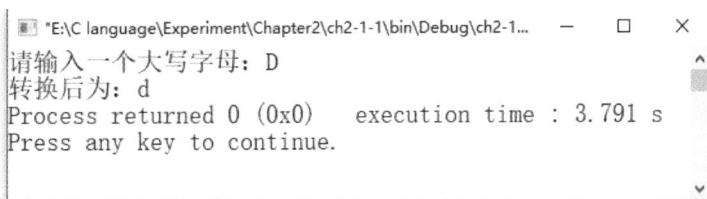

图 2-1　运行结果

2) 编写程序,依次输入某位学生的数学、英语和计算机课程的成绩,计算并输出该生 3 门课程的平均分,保留小数点后 2 位。

【程序分析】需要三个变量分别接收数学、英语和计算机课程的成绩,这就需要先思考变量的数据类型,目前高校的成绩一般都是按整数处理,当求平均分时,需要用 3 个成绩之和去除 3,那么这种情况下就出现了两个整数相除不一定是整数的问题。一种方法可以把 3 变成3.0,那成绩和也会自动转换成浮点型;另外一种方法就是成绩一开始就定义成浮点型,输入数据时,不带小数点就可以。对于浮点数系统默认情况是要输出小数点后 6 位,这里可以借助%.2f的格式实现。

【参考程序】

```
#include  <stdio.h>
```

```
#include <stdlib.h>
int main()
{
    float s1,s2,s3,ave;
    printf("请输入数学的成绩:");
    scanf("%f",&s1);
    printf("请输入语文的成绩:");
    scanf("%f",&s2);
    printf("请输入计算机的成绩:");
    scanf("%f",&s3);
    ave = (s1 + s2 + s3)/3;
    printf("数学\t 语文\t 计算机\t 平均分\n");
    printf(" %.f\t %.f\t %.f\t%.2f",s1,s2,s3,ave);
    return 0;
}
```

【运行结果】如图 2-2 所示。

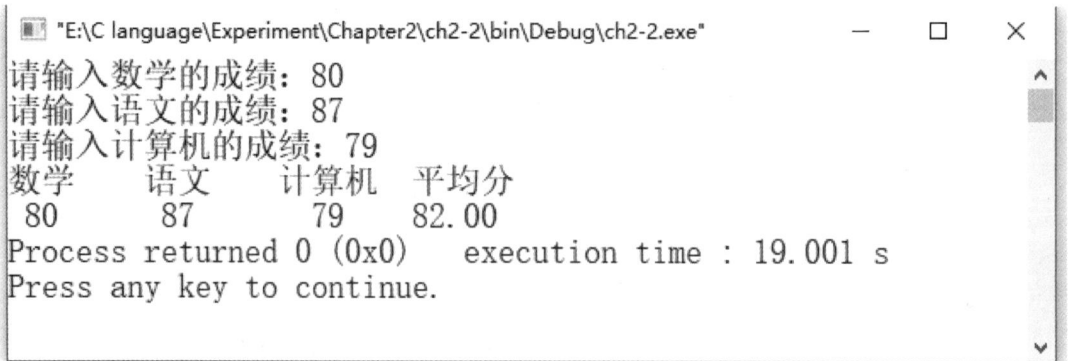

图 2-2　运行结果

(4)实验内容

①编写程序,求 $1 + 2 + 3 + \cdots + n$ 的和,n 的值需要从键盘中读取,提示使用数学中的高斯定理。

【程序分析】

【参考程序】

【运行结果】

②鸡兔同笼问题是中国古代的数学名题之一,古书中是这样描述的:今有雉(鸡)兔同笼,上有三十五头(35 个头),下有九十四足(94 条腿),问雉(鸡)兔各几何? 编程解出答案。

【程序分析】

【参考程序】

【运行结果】

③编写程序,输入一个四位正整数,求解并输出该数的个位数、十位数、百位数和千位数,然后并逆序输出。

【程序分析】

【参考程序】

【运行结果】

(5) 实验拓展

①输入三角形的 3 条边长 a,b,c,求该三角形的面积。

提示:面积 $= \sqrt{s(s-a)(s-b)(s-c)}$,其中 $s=(a+b+c)/2$

　　　求平方根可以用函数 sqrt(n)

②任意输入 a,b,c 的值,求得并输出当 $y=0$ 时,$y=ax^2+bx+c$ 的解。

③任意输入 2 个数值给自变量 x 和 y,要求实现 2 个变量之间的数值交换(注意不能使用交换的思想)。

④输入平面中的两个点 A,B 的坐标,(x_1,y_1) 和 (x_2,y_2),要求分别输出两点的坐标,最后在屏幕中显示出两点的距离。

实验 **3**
选择结构设计

（1）**实验目的**

①熟练掌握关系运算符和逻辑运算符的应用。

②掌握 if 分支结构的几种常见形式及熟练应用。

③掌握 switch 多重分支结构使用。

④培养良好的编码习惯。

（2）**实验要求**

①在书中完成实验内容部分每个程序的分析环节，可以画流程图、使用自然语言和伪代码等方法实现。

②在编译环境下用程序成功编译每个案例，多次测试程序，并把每次测试的结果填写到教材实验内容部分的运行结果处。

③课后在教材案例的参考程序部分，认真完成填写。

④认真独立完成每一个实验。

（3）**实验实例**

1）设计一个简单的计算器，能够进行基本的算术运算加"＋"、减"－"、乘"＊"、除"/"，注意除法中的除数不能为 0，当出现 0 时，提示"error"。

【程序分析】该程序比较简单，主要设计到了用 if 对除数不为 0 的判断，然后就是如何识别出运算符，并进行对应的运算，这里可以用 switch。

【参考程序】
```c
#include <stdio.h>
#include <stdlib.h>
int main()
{
    float a,b;
    char op;
```

```
        printf("请输入两个要运算的数据:");
        scanf("%f%f",&a,&b);
        op = getchar();                          // scanf("%c",&op);
        switch(op)
        {
            case '+':
                printf("%f + %f = %f",a,b,a + b);
                break;
            case '-':
                printf("%f - %f = %f",a,b,a - b);
                break;
            case '*':
                printf("%f * %f = %f",a,b,a * b);
                break;
            case '/':
                if(b)
                    printf("%f/%f = %f",a,b,a/b);
                else
                    printf("error");
                break;
            default:
                printf("请核对运算符是否正确!");
        }
        return 0;
    }
```

当按照这种方式去执行的时候,会发现当输入了 2 个数并按下回车键后,程序直接运行出了结果,当然这是个错误的结果,如图 3-1 所示,因为我们还没输入运算符。不过此时程序的结果告诉我们,它其实已经获取到了我们需要的运算符之外的符号,这是什么情况呢?

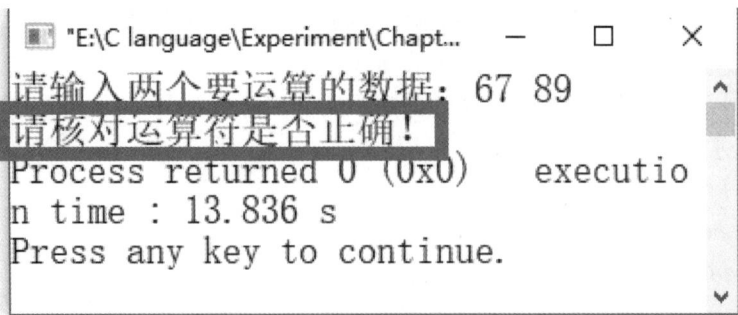

图 3-1 错误结果

回想教材在标准输入输出知识中,曾提到键盘输入进去的数据,是暂时先存放在键盘缓冲区中的,然后再由输入函数去获取。那这里就会发现第二次是要获取字符数据的,而在第一组数据输入时,确认输入时按下了回车键,它也被存到了键盘缓冲区,scanf、getchar 就直接拿到了该字符,这样程序就自己运行完了。

我们来验证一下这个问题,在该行代码"op = getchar( );// scanf(" % c",&op);"的下一行先把字符输出来,代码如下"putchar(op);"。左右两种结果是不是多了一空行,如图 3-2 所示。

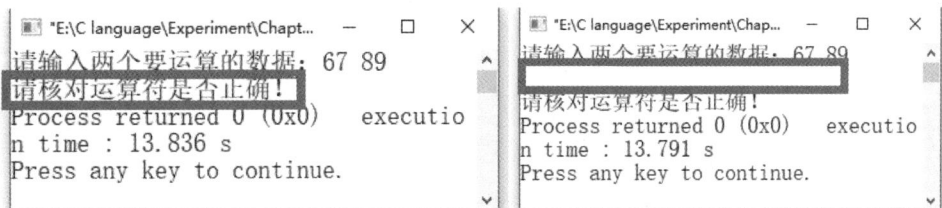

图 3-2 对比结果

解决这个问题:

方法 1:在输入操作符前,先用 getchar( )清空之前的回车符号,

getchar( ); //清空缓冲区中的回车符。

op = getchar( ); // scanf(" % c",&op);

方法 2:3 个值使用 scanf 一次性输入,

scanf(" % f% c% f",&a,&op,&b);

【运行结果】如图 3-3 和图 3-4 所示。

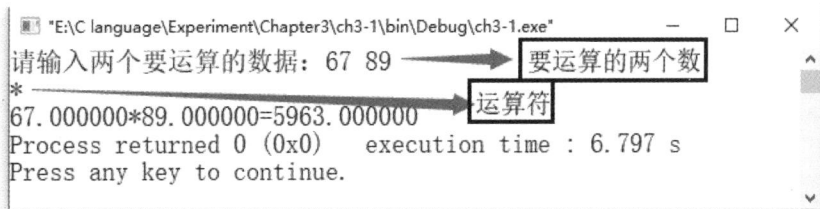

图 3-3 方法一的运行结果

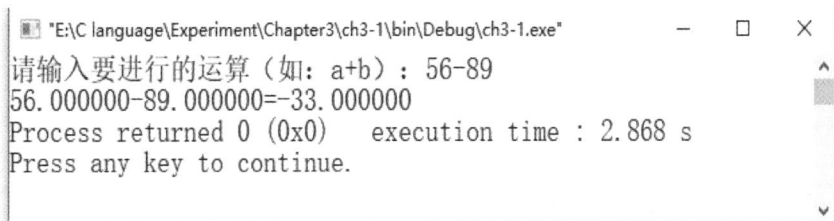

图 3-4 方法二的运行结果

这种实现方式还是有一定的问题,小数点后面的位数太多了,而且很多时候都是 0,读者可以思考如何优化这个程序。

2)编程实现输入三角形的 3 条边长,判断三边长是否能构成一个三角形,若能构成三角形,则计算出三角形的面积并输出,并且输出它是直角三角形、等腰三角形、等边三角形还是一般三角形。若不能构成三角形,则输出信息"输入的 3 条边长不能构成三角形"。

【程序分析】前面有一道练习题,输入三边求出该三角形的面积,当时受知识的限制,可直接利用公式计算,但是发现会出现一些错误的结果,导致这个原因是:我们并不知道输入的这三边能否组成三角形。这道题目也是先解决这个问题,在成立的前提下,就可以根据三角形的类型的特点再分开去判断。

【参考程序】

```c
#include  < stdio. h >
#include < stdlib. h >
int main( )
{
    float a,b,c;
    scanf( "% f% f% f" ,&a,&b,&c) ;
    if( a + b > c&&a + c > b&&b + c > a)
    {
        if( a == b&&a == c)
            printf( "等边三角形") ;
        else if( a == b ‖ a ==c ‖ b == c)
            printf( "等腰三角形") ;
        else if( a * a + b * b == c * c ‖ a * a + c * c == b * b ‖ b * b + c * c == a * a)
            printf( "直角三角形") ;
        else
            printf( "一般三角形") ;
    }
    else
        printf( "输入的三边不能构成三角形") ;
    return 0 ;
}
```

程序的测试结果如图 3-5 所示。

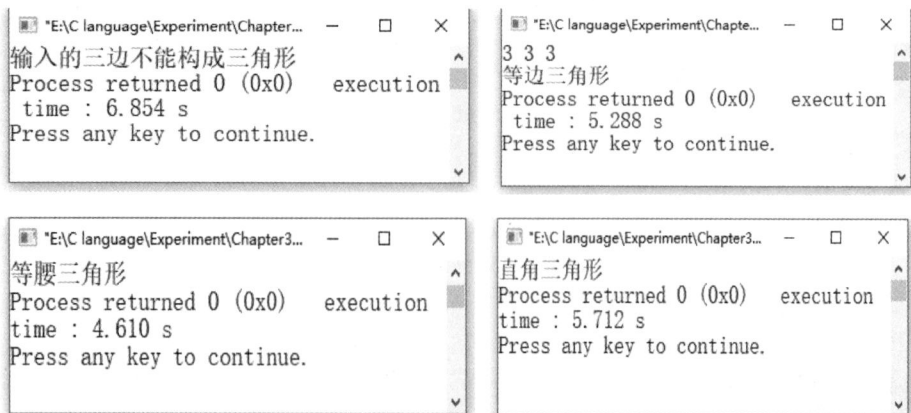

图 3-5　测试结果

这里有个情况,就是当输入 3.33 4.44 5.55 时,出现如图 3-6 所示的结果。

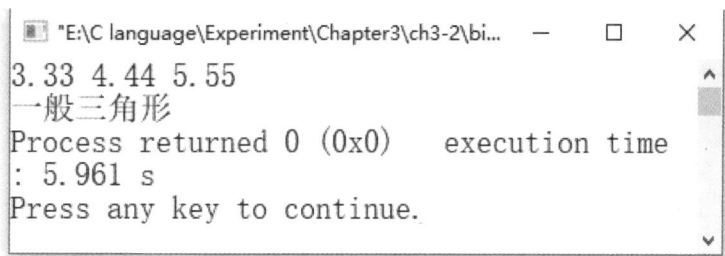

图 3-6　错误结果

但是手动计算会发现:$3.33*3.33+4.44*4.44=30.8025$;$5.55*5.55=30.8025$;这两个值是相等的,为什么输出的不是直角三角形呢?

这里跟浮点数在系统中的显示有一定的关系,换句话说,程序在运行时很有可能让输入的这 3 个数发生了变化,为了验证这一点,我们借助编译环境的调试功能来查看一下。

首先在程序中设置一个断点,然后去运行查看变量窗口,发现确实出现了问题,输入的 3 个数据都在小数点后面出现了变化,按照程序中的方式去计算,也就不会得到想要的结果,调试过程如图 3-7 所示。

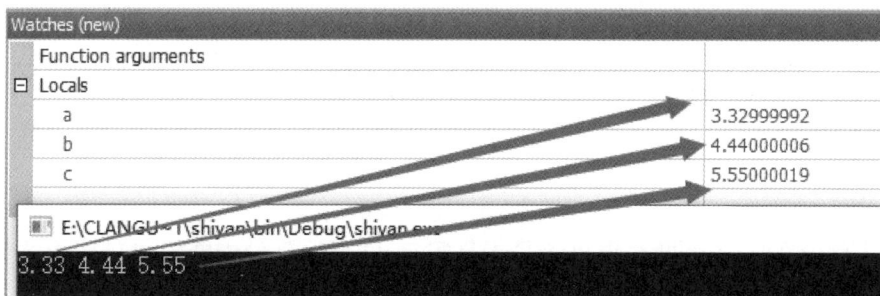

图 3-7　调试结果

这与浮点数的特性有关,所以当借助运算后的结果进行对比时,只能采用在误差允许的范围内进行处理,比如判断 a == b,修改为 $a-b<=1e-5$,这就让误差在 0.00001 内都认为是相等,但是我们发现 $a-b$ 差得很多时,且 a 小,也会成立,所以需要对 $a-b$ 取绝对值,可以借助 fabs() 函数求浮点数的绝对值。上述程序就可以改成如下形式:

```
#include < stdio. h >
#include < stdlib. h >
int main( )
{
    float a,b,c;
    scanf( "% f% f% f" ,&a,&b,&c) ;
    if( ( a + b) > c&&( a + c) > b)
    {
        if( fabs( a - b) < = 1e - 6&&fabs( b - c) < = 1e - 6)
            printf( "等边三角形") ;
        else if( fabs( a - b) < = 1e - 6 ‖ fabs( b - c) < = 1e - 6 ‖ fabs( a - c) < = 1e - 6)
```

```
                printf("等腰三角形");
            else
    if(fabs(a*a+b*b-c*c)<=1e-5 || fabs(a*a+c*c-b*b)<=1e-5 || fabs
(b*b+c*c-a*a)<=1e-5)
                printf("直角三角形");
            else
                printf("一般三角形");
    }
    else
        printf("输入的三边不能构成三角形");
    return 0;
}
```

为了不麻烦,初学者可以把边长定义成整型,不考虑边长为实数的情况,但这是不科学的。

【运行结果】如图 3-8 所示。

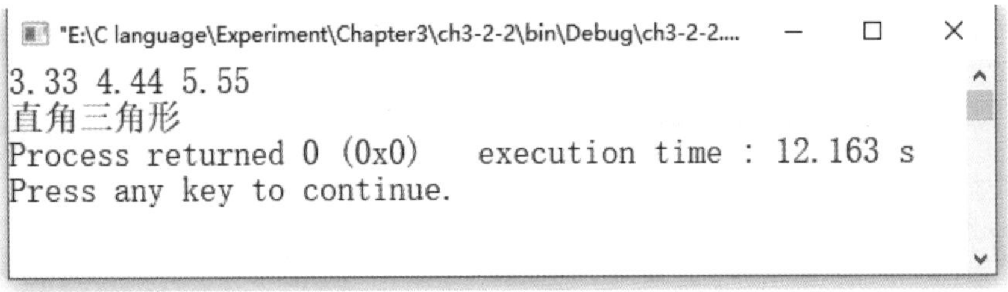

图 3-8　运行结果

3)输入年份和月份,判断输出该年是否是闰年,并根据月份判断输出是什么季节和该月有多少天,平年(Common year)。

闰年(Leap year)的条件是符合下面两条件之一:

①年份能被 4 整除,但不能被 100 整除。

②年份能被 400 整除。

季节规定为:

3—5 月为春季(Spring),6—8 月为夏季(Summer),9—11 月为秋季(Fall),12—2 月为冬季(Winter)。

【程序分析】本程序要解决 3 个问题,第一个是年份是否为闰年? 这个需要把题目中的两个条件转化成程序的表达①year%4==0&&year%100!=0,②year%400==0,两个条件为或的关系,①是一个复合表达式,里面有逻辑与,跟①和②的逻辑或是属于同一类,根据优先级关系,逻辑与大于逻辑或,所以当组合在一起时①是不需要加括号的。第二个问题是季节,可以看作范围问题,比如 if(month>=3&&month<=5),但是这种写法当读者出现误操作输入 3.5 的时候,也会有结果输出。既然只是需要几个独立的数字做条件,那我们可以借助 switch 语句来实现,但是注意 break 的使用。第三个问题就是月份的天数,我们读小学时就知道:1,3,5,7,8,10,12 月份为 31 天,4,6,9,11 月份为 30 天,2 月闰年 29 天,平年 28 天。

这里还有一些逻辑问题,就是关于遇到 2 月份时,要考虑是否为闰年,要想办法把两者组合在一起。

【参考程序】

```
#include <stdio.h>
#include <stdlib.h>
int main()
{
    int year,month,k = 28;                   //k 定义了 2 月份的天数
    scanf("%d-%d",&year,&month);   //注意连字符"-"也需要自己输入
    if(year%4 ==0&&year%100! =0 || year%400 ==0)   //判断是否为闰年
    {
        printf("Leap year,");
        k = k +1;                            //为闰年,此时让 k +1
    }
    else
        printf("Common year,");              //平年
    switch(month)                            //month 必须为整型或字符型
    {
        case 3:
        case 4:
        case 5:
            printf("Spring,");               //不遇 break 不退出,可实现数字化的范围
            break;
        case 6:
        case 7:
        case 8:
            printf("Summer,");
            break;
        case 9:
        case 10:
        case 11:
            printf("Fall,");
            break;
        case 12:
        case 1:
        case 2:
            printf("Winter,");
            break;
    }
    if(month ==1 || month ==3 || month ==5 || month ==7 || month ==8 || month ==10 ||
month ==12)
```

```
        printf("31\n");                              //判断31天的情况
    else if(month ==4 || month ==6 || month ==9 || month ==11)
        printf("30\n");                              //判断30天的情况
    else
        printf("%d\n",k);                            //单独2月份的天数
    return 0;
}
```

【运行结果】如图3-9所示。

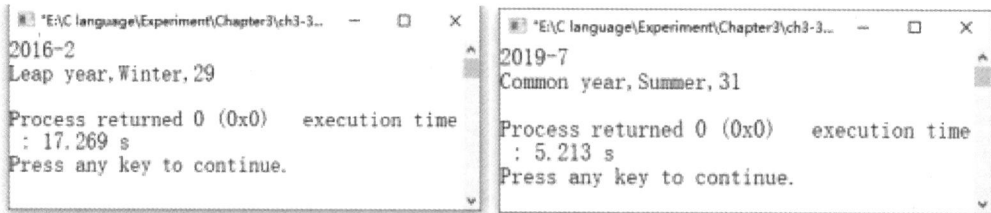

图 3-9　运行结果

(4) 实验内容

1) 编程实现,求一元二次方程 $ax^2 + bx + c = 0$ 的根。a、b、c 为任意实数。输出 $x1$、$x2$ 实根(保留 2 位小数),且要求 $x1 >= x2$。

说明:

①如果 a 为 0 且 b 为 0,则输出 "Not an equation"(N 大写,单词间一个空格)。

②如果 a 为 0,退化一次方程,则只输出一个根的值即可。

③如果 a 不为 0,则按以下格式输出方程的根 $x1$ 和 $x2$($x1$ 和 $x2$ 之间有一个空格):

● 若 $x1$ 和 $x2$ 为实根,则以 $x1 >= x2$ 输出。

● 若方程是共轭复根,则 $x1 = m + ni$,$x2 = m - ni$,其中 $n > 0$。

其中 $x1$、$x2$、m、n 均保留 2 位小数。

【程序分析】

【参考程序】

【运行结果】

2) 输入学号(长整数)和成绩(浮点数),输出 8 位规范学号(不足 8 位,前导补 0)、四舍五入后的成绩、四舍五入后成绩的绩点。

①8 位前导 0 长整数的格式符为:%08ld

②绩点换算表

90 ~ 100	4.0
85 ~ 89.9	3.7
82 ~ 84.9	3.3
78 ~ 81.9	3.0
75 ~ 77.9	2.7
72 ~ 74.9	2.3
68 ~ 71.9	2.0
66 ~ 67.9	1.7
64 ~ 65.9	1.5
60 ~ 63.9	1.0
0 ~ 59.9	0.0

【程序分析】

【参考程序】

【运行结果】

3)算算和你喜欢的人名字笔画相差几画,看看你们的缘分!方法:你的名字加起来的笔画,你喜欢的人名字加起来的笔画,看看你们的名字相差几画,再对照下表。

0	亲密无间	14	说你坏话的人
1	永远和你在一起	15	克星
2	水火不相容	16	救星
3	知心朋友	17	忠心的人
4	心上人	18	狼心狗肺的人
5	帮你做事的人	19	单相思
6	帮你的人	20	山盟海誓
7	面合心不合	21	情敌
8	男女关系不正常	22	服从你的人
9	情投意合	23	永远在一起
10	关系马虎	24	伴终生
11	尊敬你的人	25	恨你又爱你
12	爱你的人	其他	你俩的缘分超出了计算范围
13	适合你的人		

【程序分析】

【参考程序】

【运行结果】

(5) **实验拓展**

1) 编程实现从键盘输入一个整数,判断它是否分别能被 3、5 整除,并根据不同情况输出以下信息之一:

①该数能同时被 3 和 5 整除。

②该数能被其中一个数整除(即该数能被 3 整除,或该数能被 5 整除)。

③该数既不能被 3 整除也不能被 5 整除。

2) 设计一个自动售货机的程序,运行程序,提示用户输入要选择的选项,当用户输入以后,提示所选择的内容。本程序使用 switch 分支语句,来解决程序中的选择问题,效果如图 3-10 所示。价格和货品在合理范围内自由设置。

3) 企业发放的奖金根据利润提成。利润(I)低于或等于 10 万元时,奖金可提 10%;利润高于 10 万元,低于 20 万元时,低于 10 万元的部分按 10% 提成,高于 10 万元的部分,可提成 7.5%;20 万到 40 万时,高于 20 万元的部分,可提成 5%;40 万到 60 万时高于 40 万元的部分,可提成 3%;60 万到 100 万时,高于 60 万元的部分,可提成 1.5%,高于 100 万元时,超过 100 万元的部分按 1% 提成,从键盘输入当月利润 I,求应发放奖金总数?

```
********************
**      可选择的按键    **
********************
**        1.巧克力       **
**        2.奶油蛋糕     **
**        3.香葱饼干     **
**        4.冷泡茶       **
**        5.雪碧         **
********************
```

请选择要购买物品的按键:4

你选择了冷泡茶，请支付6元.

图 3-10　显示结果

4）编程实现:输入日期,统计该天是这一年的第几天?

5）实例 9 中的四则运算,我们只是实现了两个数,如果我们要实现任意多个相同运算符的四则运算呢,如 2 +6 +7 +8、4 ∗6 ∗8 ∗9?

实验 4
循环结构设计

(1) 实验目的

①了解循环的特点,能够有效识别哪些程序适合用循环。
②掌握 do-while 循环语句的特点。
③掌握 while 循环语句的特点。
④掌握 for 循环语句的特点。
⑤熟悉三种循环方式的相同和区别点,以及数量掌握之间的转换。
⑥培养良好的编码习惯。

(2) 实验要求

①在书中完成实验内容部分每个程序的分析环节,可以画流程图、使用自然语言和伪代码等方法实现。
②在编译环境下用程序成功编译每个案例,多次测试程序,并把每次测试的结果填写到教材实验内容部分的运行结果处。
③课后在教材案例的参考程序部分,认真完成填写。
④认真独立完成每一个实验。

(3) 实验实例

1) 我们经历过在 ATM 机上取钱,当密码输入错误 3 次,会提示请到银行处理,那么本实例就来模拟这个过程。

【程序分析】插卡之后,会看到第一次提示内容:"请输入您的银行卡密码",输入密码后会进行比较,正确则继续,错误就会让用户再次输入密码,输入后再比较,如果还是错误,此时已经达到 3 次了,系统不会再给重新输入的机会。

我们发现,在一直错误的这个过程中,其实可看作额外重复了第一次操作两次,只是变化了一些辅助的信息。像这种会执行多次相似的操作,如果每次都重新写一遍,会让代码显得非常冗余,此时就可以借助循环来实现。

先判断第 1 次输入的密码是否正确,不正确进入循环再次判断,正确就提示登录成功。这种思路跟 do-while 语句是非常吻合的。

本题需要已知一个密码,密码是 6 位的,由于我们还未学习字符串的表达方式,这里就假定是 1 个 6 位整型数,又要统计错误的次数,则还需要一个计数变量。

【参考程序】

```c
#include <stdio.h>
#include <stdlib.h>
int main()
{
    int mima = 123456;                  //确定银行卡密码
    int i = 0;                          //i 是错误的次数
    printf("欢迎光临 128 银行\n");
    do
    {
        if(i == 3)                      //当 i 为 3 时,错误次数已经达到,退出循环
            break;
        if(i)                           //有错误的时候要提示
            printf("密码已错误%d 次,请重新输入\n",i);
        else                            //一开始的时候提示
            printf("请输入银行卡密码:\n");
        scanf("%d",&mima);              //输入密码
    } while(mima! = 123456&& ++i);
    /* 第一部分如果错误,说明密码正确,逻辑短路,后面 ++i 不执行
    第一部分正确,说明密码正确,此时 i+1,非零值,整个表达式正确,再次进入循环 */
    if(i < 3)
        printf("登录成功");            //只要错误不达到 3 次,就是退出循环了,也就说明
密码是正确的。
    else
        printf("密码已错误 3 次,请联系工作人员,电话 666666");
    return 0;
}
```

这个程序是采用 do-while 语句来实现的,由于循环的 3 种结构之间是可以相互转换的,所以本书把程序转换成 while 循环,这个程序读者可以进一步优化。

```c
#include <stdio.h>
#include <stdlib.h>
int main()
{
    int mima = 123456, count = 1;
    printf("欢迎光临 128 银行\n");
    printf("请输入银行卡密码:\n");
```

```
    scanf("%d",&mima);
    while(mima! = 123456)
    {
        count ++ ;
        printf("密码有误,请重新输入:");
        scanf("%d",&mima);
        if(count == 3)
            break;
    }
    if(count <= 3)
        printf("登录成功");
    else
        printf("已错误输入 3 次,请联系工作人员,电话 666666");
    return 0;
}
```

【运行结果】如图 4-1 所示。

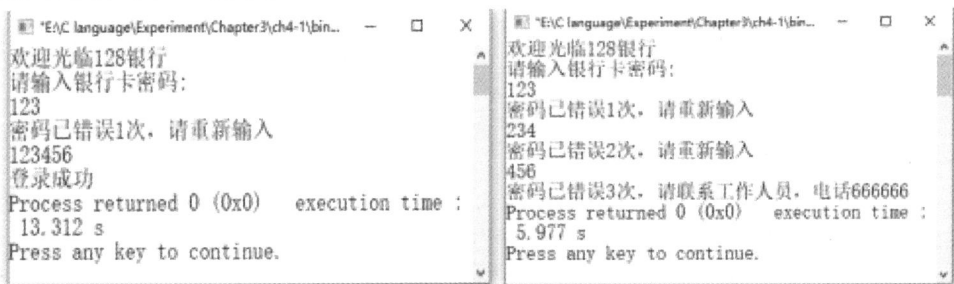

图 4-1 运行测试结果

2)编程实现,输入一个日期(如 2019 - 7 - 11),计算出这个日期是当年的第几天。

【程序分析】程序思路比较简单,就是把 1—6 个月的总天数求出来,借助循环依次遍历,然后再加上 7 月份的 11 天,最后考虑一下这一年是不是闰年,如果是总值加 1,否则不变。

由于闰年只是影响了 2 月份的天数,当输入的日期小于等于 2 的时候,我们是没有必要去考虑闰年的问题。

之前在选择结构中留了这样一道题,可以这样去完成:

```
if(m == 1)
    days += d;
else if(m == 2)
    days += 31 + d;
else if(m == 3)
    days += 31 + 28 + d;
else if(m == 4)
days += 31 + 28 + 31 + d;
```

这样要一直持续到 12 月份,太麻烦了,来感受一下带循环的参考程序,你会感叹循环的优势。

【参考程序】

```c
#include <stdio.h>
#include <conio.h>
int main()
{
    int y,m,d;              //定义年月日的变量
    int i,days;             //定义天数
    scanf("%d-%d-%d",&y,&m,&d);
    days = d;
    for(i = 1;i < m;i++)
    {
        switch(i)
        {
            case 1:
            case 3:
            case 5:
            case 7:
            case 8:
            case 10:
            case 12:days += 31;break;
            case 4:
            case 6:
            case 9:
            case 11:days += 30;break;
            case 2:
                if(y%4 ==0&&y%100! =0 || y%400 ==0)
                    days += 29;
                else
                    days += 28;
                break;
        }
    }
    printf("%d-%d-%d 是本年第%d 天\n",y,m,d,days);
}
```

【运行结果】如图 4-2 所示。

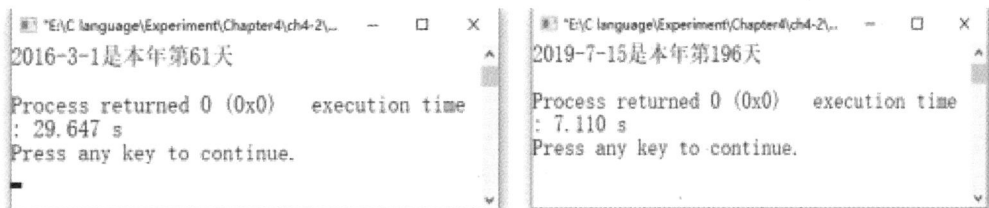

图 4-2　运行结果

3)编程实现,输入两个日期,计算出两个日期之间相差的天数。图 4-3 是从 excel 算出来的结果。

2018/4/5	2019/2/1	302
2019/6/20	2019/7/11	21

图 4-3　相差天数

【程序分析】判断输入的年份是不是闰年、年份是否相同、月份是否相同、日期是否相同?

同年同月最好计算,日数相减就出来了。

同年不同月也好计算,计算中间相隔几个月,转换成天数,小的日期距月底有多少天,大的日期距月初多少天,3 个数相加。

不同年的日期计算:先计算中间相隔几年,这几年的天数就出来了,再计算小的日期到年底有多少天,其次计算大的日期距年初有多少天,3 个数相加就可以了。

开始日期往后计算又换成了另外一个思路,又会让编程复杂起来。这里我们把开始日期这一年全部计算出来,再减去这个日期前面的年份。

①先计算年份之间的天数差距,不包括截止日期的那年。

②开始计算截止日期那年总共的天数。

③把开始日期之前的所有天数减去。

【参考程序】

```c
#include < stdio. h >
#include < conio. h >
int main( )
{
    int y1,m1,d1,y2,m2,d2;            //定义年月日的变量
    int i,days =0;            //定义天数
    printf("输入开始日期:");
    scanf("% d - % d - % d",&y1,&m1,&d1);
    printf("输入截止日期:");
    scanf("% d - % d - % d",&y2,&m2,&d2);
    / * 先计算年份之间的天数差距,不包括截止日期的那年 * /
    for(i = y1;i < y2;i ++ )
        {
            if(i% 4 == 0&&i% 100! = 0 || i% 400 ==0)
```

```
                days + = 366;
        else
                days + = 365;
    }
    /＊开始计算截止日期那年总共的天数
    与我们第二题的过程是一样的＊/
days + = d2;
for( i = 1; i < m2; i ++ )
    {
        switch( i )
        {
            case 1:
            case 3:
            case 5:
            case 7:
            case 8:
            case 10:
            case 12: days + = 31; break;
            case 4:
            case 6:
            case 9:
            case 11: days + = 30; break;
            case 2:
                    if( y2%4 == 0&&y2%100! = 0 || y2%400 == 0)
                        days + = 29;
                    else
                        days + = 28;
                    break;
        }
    }
    /＊由于算年份的时候,把开始日期全年都加了进去。
    这里按照求天数的思路,把开始日期之前的所有天数减去。＊/
days - = d1;
for( i = 1; i < m1; i ++ )
    {
        switch( i )
        {
            case 1:
            case 3:
```

```
        case 5:
        case 7:
        case 8:
        case 10:
        case 12:days - =31;break;
        case 4:
        case 6:
        case 9:
        case 11:days - =30;break;
        case 2:
            if(y1%4 ==0&&y1%100! =0 || y1%400 ==0)
                days - =29;
            else
                days - =28;
            break;
        }
    }
    printf("相隔%d 天\n",days);
}
```

【运行结果】如图 4-4 所示。

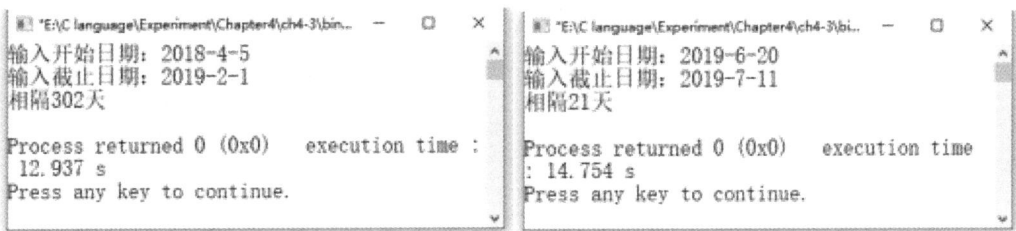

图 4-4　结果显示

(4) 实验内容

①编写程序,输出以下图形(必须用循环的思想来解决),但需要读者自行输入行数进行
控制。

```
      *
     ***
    *****
   *******
    *****
     ***
      *
```

43

【程序分析】

【参考程序】

②爱因斯坦阶梯问题。设有一阶梯,每步跨 2 阶余 1 阶,每步跨 3 阶余 2 阶,每步跨 5 阶余 4 阶,每步跨 6 阶余 5 阶,每步跨 7 阶刚好到顶。问该阶梯一共有多少阶?

【程序分析】

【参考程序】

【运行结果】

③s = 1 + 3! + 5! + 7! + …… + 17! + 19!

【程序分析】

【参考程序】

【运行结果】

(5) 实验拓展

①模拟在 ATM 机上取款错误的过程,前面的实例已经做了演示,但是有一个不好的地方在于,密码是显示出来的,这是不符合现实的。如何让输进去的数据以星号代替? 本题只实现把输入的密码用相同位数的星号显示出来。

提示:这里需要借助字符,读者可以查阅 getch( )、getche( )、getchar( )的区别。

②输入 1 000 以内所有的完数,所谓完数是指一个数值刚好是它的因子之和(但是因子中不包含本身),例如 6 = 1 + 2 + 3,所以 6 就是完数。

③0 ~ 9 可以组成多少个没有重复的 3 位偶数? 这里没有重复的是指该数值中每位上的数值互不相等。

④有一本教材的页码符号一共有 6 897 个字符,计算该书一共有多少页? 比如:99 就是 2 个数字字符。

⑤某君从某年开始每年都举办一次生日派对,并且每次都要吹熄与年龄相同根数的蜡烛。现在算起来,他一共吹熄了 236 根蜡烛。请问他从多少岁开始举办生日派对的?

实验 **5**
循环嵌套程序设计

(1)实验目的

①掌握 break 和 continue 语句的使用。

②掌握循环结构的嵌套。

③掌握循环结构程序中的常用算法:递推、穷举判断素数等。

(2)实验要求

①熟练运用 for 语句。

②熟练运用 break 和 continue 语句。

③编写程序实现简单功能。

(3)实验实例

1)输出 1 000 以内所有的素数。

【程序分析】

①分析某个整数 x,判断其是否是素数。

②判断一个整数是否是素数的方法 1:统计 1 到 x 之间能被 x 本身整除的数据个数。如果能被整除的数据是 2 个,则 x 一定是素数,如果能被整除的数据不是 2 个,x 一定不是素数。

判断一个整数是否是素数的方法 2:判断 2 到 $x-1$ 之间能被 x 本身整除的情况。如果范围中没有任何一个数值能被 x 本身整除,则 x 一定是素数;如果范围中只要有一个数值能被 x 本身整除,则 x 就一定不是素数。

③输出 1 000 以内所有的素数,只需要将判断某个数 x 是否是素数的过程重复即可。

【参考程序】

方法 1:

```
#include < stdio. h >
int main( )
```

```
{
    int x,s,i;
    for(x = 1;x < = 1000;x ++ )
    {
        s = 0;
        for(i = 1;i < = x;i ++ )
        {
            if(x% i == 0)
                s ++ ;
        }
        if(s == 2)
            printf("%4d",x);
    }
    return 0;
}
```

方法 2：

```
#include < stdio. h >
int main( )
{
    int x,i;
    for(x = 1;x < = 1000;x ++ )
    {
        for(i = 2;i < = x - 1;i ++ )
        {
            if(x% i == 0)
                break;
            else
                continue;
        }
        if(i == x)
            printf("%4d",x);
    }
    return 0;
}
```

【运行结果】如图 5-1 所示。

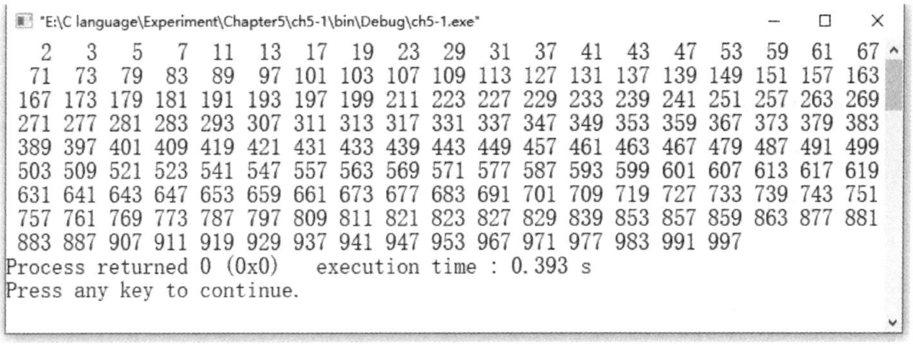

图 5-1　程序运行结果

2)一个口袋中有 3 个红球,5 个白球,6 个黑球,从其中任意取出 8 个球且至少有 1 个白球,输出所有的可能。计算并输出这种情况可能出现的概率。

【程序分析】

①红球个数取值范围是[0,3],白球个数取值范围是[0,5],黑球个数取值范围是[0,6]。

②需要统计两种情况各自的数量。

③当满足白球大于或者等于 1 个,并且 3 种颜色的球的总数等于 8 个的时候实现输出所有可能,同时统计所有可能出现的次数 x。

④当从口袋中任意取 8 个球的时候统计该情况的所有可能出现的次数 y。

⑤最后输出概率:x/y * 100% 。

【参考程序】

```c
#include < stdio. h >
int main( )
{
    int a,b,c,x,y;

    x = y = 0;

    for( a = 0;a < = 3;a ++ )
    for( b = 0;b < = 5;b ++ )
    for( c = 0;c < = 6;c ++ )
    {
        if( b > = 1 && a + b + c == 8)
        {
            printf( " % d % d % d\t",a,b,c);
            x ++ ;
        }
        if( a + b + c == 8)
```

```
            y + + ;
    }
    printf( " \n 输出概率是% lf% % \n" , ( double) x/y * 100) ;
    return 0;
}
```

【运行结果】如图 5-2 所示。

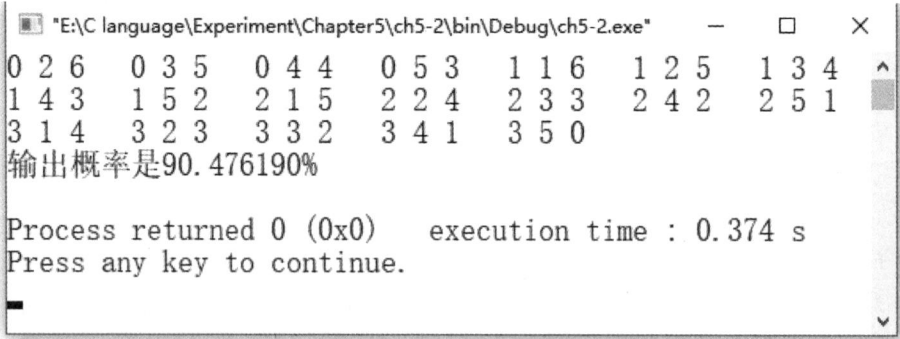

```
"E:\C language\Experiment\Chapter5\ch5-2\bin\Debug\ch5-2.exe"        —    □    ×
0 2 6    0 3 5    0 4 4    0 5 3    1 1 6    1 2 5    1 3 4
1 4 3    1 5 2    2 1 5    2 2 4    2 3 3    2 4 2    2 5 1
3 1 4    3 2 3    3 3 2    3 4 1    3 5 0
输出概率是90. 476190%

Process returned 0 (0x0)    execution time : 0. 374 s
Press any key to continue.
```

图 5-2   程序运行结果

(4)实验内容

①输入一个正整数给 n,n 足够大,输出比 n 小的最大的素数。

【程序分析】

【参考程序】

【运行结果】

②输入一个正整数给 n,n 足够大,输出比 n 小的最大的 10 个素数。

【程序分析】

【参考程序】

【运行结果】

③有若干只鸡兔同在一个笼子里,从上面数,有 36 个头,从下面数,有 100 只脚,问笼中各有多少只鸡和兔?

【程序分析】

【参考程序】

【运行结果】

④0 到 9 可以组成多少个没有重复的 3 位偶数？这里没有重复的是指该数值中每位上的数值互不相等。

【程序分析】

【参考程序】

【运行结果】

⑤求用 1 元人民币兑换 1 分、2 分、5 分硬币的所有兑换方案，要求兑换的硬币总数是 70 枚。

【程序分析】

【参考程序】

【运行结果】

(5) 实验拓展

①打印出所有的"水仙花数",所谓"水仙花数"是指一个三位数,其各位数字的立方和等于该数本身。例如:153 是一个"水仙花数",因为 153 = 1 的三次方 + 5 的三次方 + 3 的三次方。

②输出 1 000 以内所有的完全数。所谓完全数是指一个数值刚好等于其所有真因子(即除了自身以外的约数)的和。例如 6 就是一个完全数,因为 6 = 1 + 2 + 3;28 也是一个完全数,因为 28 = 1 + 2 + 4 + 7 + 14。

③两个乒乓球队进行比赛,各出 4 人。甲队为 a,b,c,d 4 人,乙队为 w,x,y,z 4 人。已抽签决定比赛名单。有人向队员打听比赛的名单。a 说他不和 x 比,c 说他不和 x、z 比,请编程序找出可能的四对赛手的名单。

④输入 n 的值,输出如下形式。例如当 n 的值是 3 的时候,输出以下图形。(注意:如果 n 是 4,每个小三角形就是 4 行。整体为 4 部分。)

```
        *
       ***
      *****
      *     *
     ***   ***
    ***** *****
    *   *   *
   *** *** ***
  ***** ***** *****
```

⑤某君从某年开始每年都举办一次生日派对,并且每次都要吹熄与年龄相同根数的蜡烛。现在算起来,他一共吹熄了 236 根蜡烛。请问他从多少岁开始举办生日派对的?

⑥四平方和定理,又称为拉格朗日定理:每个正整数都可以表示为至多 4 个正整数的平方和。如果把 0 包括进去,就正好可以表示为 4 个数的平方和。

比如:5 = 0^2 + 0^2 + 1^2 + 2^2   7 = 1^2 + 1^2 + 1^2 + 2^2   (^符号表示乘方的意思)

对于一个给定的正整数,可能存在多种平方和的表示法。要求你对 4 个数排序:0 <= a <= b <= c <= d。并对所有的可能表示法按 a,b,c,d 为联合主键升序排列,最后输出第一个表示法。程序输入为一个正整数 N（N < 5 000 000）。要求输出 4 个非负整数,按从小到大排序,中间用空格分开。

例如,输入:5

则程序应该输出:0 0 1 2

⑦有一群海盗(不多于 20 人),在船上比拼酒量。过程如下:打开一瓶酒,所有在场的人平分喝下,有几个人倒下了。再打开一瓶酒平分,又有倒下的,再次重复……直到开了第 4 瓶酒,坐着的已经所剩无几,海盗船长也在其中。当第 4 瓶酒平分喝下后,大家都倒下了。等船长醒来,发现海盗船搁浅了。他在航海日志中写到:"……昨天,我正好喝了一瓶……奉劝大家,开船不喝酒,喝酒别开船……"

请你根据这些信息,推断开始有多少人,每一轮喝下来还剩多少人。

如果有多个可能的答案,请列出所有答案,每个答案占一行。

格式是:人数,人数,……

例如,有一种可能是:20,5,4,2,0

实验 **6**

一维数组程序设计

(1) 实验目的

① 熟悉一维数组的定义和初始化。
② 熟悉一维数组元素下标范围的取值。
③ 熟悉一维数组的引用方法。
④ 掌握一维数组的输入/输出方法。
⑤ 理解一维数组的存储方式和赋值方法。
⑥ 掌握与一维数组有关的算法,如排序算法等。

(2) 实验要求

① 熟练使用一维数组解决相应问题。
② 熟练一维数组在循环语句中的使用。

(3) 实验实例

1) 读 10 个整数存入数组,找出其中的最大值和最小值。

【程序分析】

① 输入:for 循环输入 10 个整数。

② 处理:

a. 先令 max = min = x[0]。

b. 依次用 x[i] 和 max,min 比较(循环)。

　　若 max < x[i],令 max = x[i]。

　　若 min > x[i],令 min = x[i]。

③ 输出:max 和 min。

【参考程序】

```
#include  <stdio. h>
#define SIZE 10                    //宏定义,SIZE 在程序中替代 10
int main( )
```

```
    {
        int x[SIZE], i, max, min;        //定义变量,注意该处数组 x 的长度 SIZE 是常数而不
是变量
        printf("请输入 10 整数:\n");
        for (i = 0; i < SIZE; i++)
        {
            printf("请输入第%d 个整数:", i + 1);
            scanf("%d", &x[i]);              //循环输入 10 个整数存进一维数组 x 中
        }
        max = min = x[0];                    //把数组第一个元素先赋值给 max 和 min 变量
        for (i = 1; i < SIZE; i++)
        {
            if (max < x[i])   max = x[i];     //max 变量一直存放数组比较过的最大值
            if (min > x[i])   min = x[i];     //min 变量一直存放数组比较过的最小值
        }
        printf("你输入的 10 个整数中最大值为:%d\n", max);
        printf("你输入的 10 个整数中最小值为:%d\n", min);
        return 0;
    }
```

【运行结果】如图 6-1 所示。

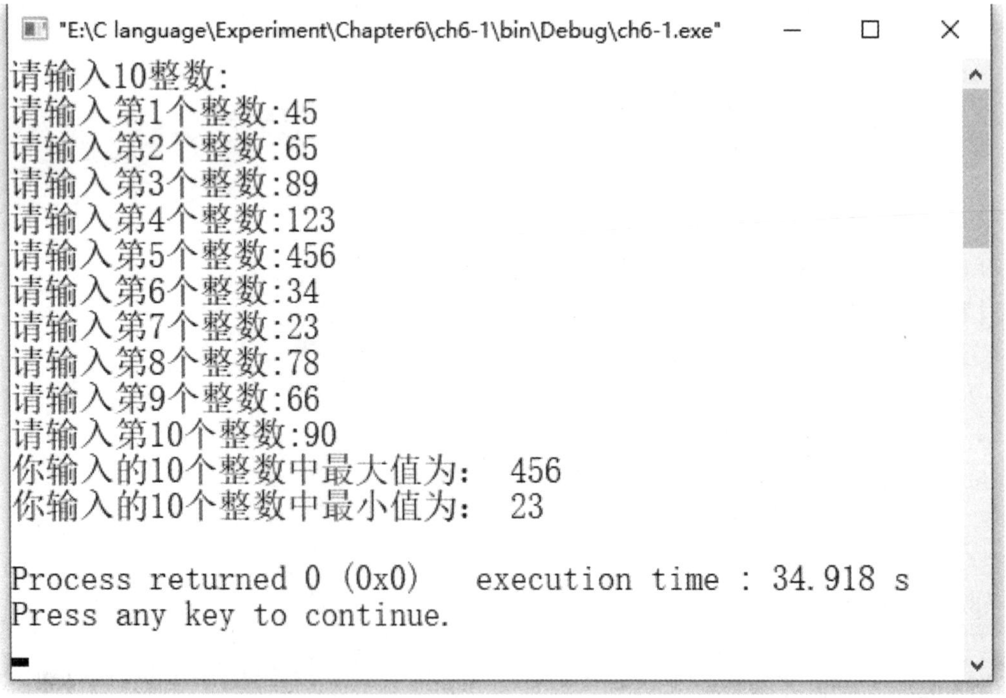

图 6-1　程序运行结果

2）用简单选择法对10个数排序。

【程序分析】

①首先通过 $n-1$ 次比较,从 n 个数中找出最小的,将它与第一个数交换—第一趟选择排序,结果最小的数被安置在第一个元素位置上。

②再通过 $n-2$ 次比较,从剩余的 $n-1$ 个数中找出关键字次小的记录,将它与第二个数交换—第二趟选择排序。

③重复上述过程,共经过 $n-1$ 趟排序后,排序结束。

i = 1	初始:	[49	38	65	97	76	13	27]
i = 2	一趟:	13	[38	65	97	76	49	27]
	二趟:	13	27	[65	97	76	49	38]
	三趟:	13	27	38	[97	76	49	65]
	四趟:	13	27	38	49	[76	97	65]
	五趟:	13	27	38	49	65	[97	76]
	六趟:	13	27	38	49	65	76	[97]

【参考程序】

```
#include < stdio. h >
#define SIZE 10     //宏定义,SIZE 在程序中替代 10
int main( )
{
    int a[SIZE], i, j, k, x;
    printf("请输入 10 整数:\n");
    for ( i = 0; i < SIZE; i ++ )
    {
        printf("请输入第%d 个整数:", i + 1);
        scanf("%d", &a[i]);              //循环输入 10 个整数存进一维数组 x 中
    }
    printf(" \n");
    for ( i = 0; i < SIZE; i ++ )
    {
        k = i; //把循环的第 1 个元素下标复制给变量 k,默认 k 下标对应的数组值为最小值
        for ( j = i + 1; j < SIZE; j ++ )
            if ( a[j] < a[k] )  k = j;    //让变量 k 一直保存该次循环的最小值的数组下标
        if ( i ! = k )
        {
```

```
                    x = a[i]; a[i] = a[k]; a[k] = x;   //把最小值和该次循环的第一
个值进
                                                      //交换
            }
        }
        printf("10 个整数排序后为:\n");
        for (i = 0; i < SIZE; i++)
            printf("%d ", a[i]);
        printf("\n");
        return 0;
    }
```

【运行结果】如图 6-2 所示。

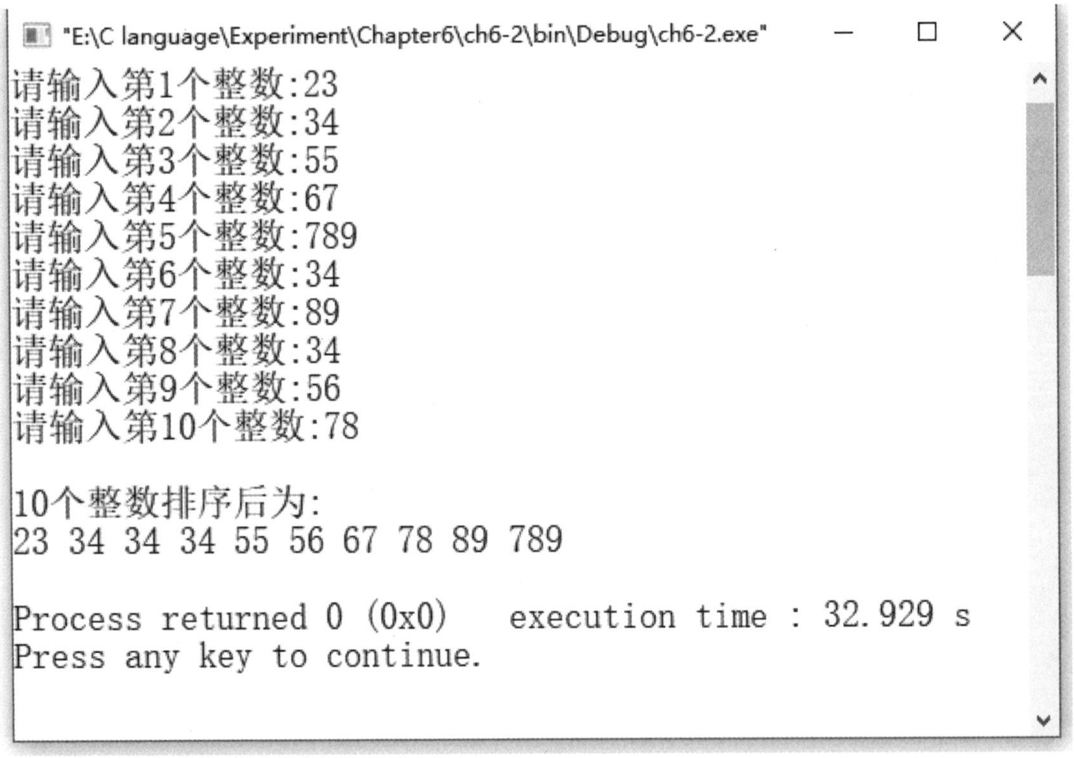

图 6-2 程序运行结果

(4)实验内容

①输入某班级所有同学程序设计技术的期末成绩(人数是 33 人),要求输出最好的 2 位同学的成绩。

【程序分析】

【程序设计】

【运行结果】

②学校举行校园歌手大赛,一共有7位裁判为选手打分,去掉一个最高分和一个最低分,再计算平均分,就是该选手的最后得分。请编写程序模仿7位裁判为某位选手的打分过程。

(此题可以要求为参赛选手一共有 n 位(大于10),然后对所有选手演唱过程打分,最后评选出十佳歌手。)

【程序分析】

【程序设计】

【运行结果】

③请编写程序,给一个一维数组任意输入 6 个整数,例如:假设输入如下数值

    7   4 8 9 1 5

要求建立一个具有如下内容的方阵并输出:

    5 7 4 8 9 1

    1 5 7 4 8 9

    9 1 5 7 4 8

    8 9 1 5 7 4

    4 8 9 1 5 7

    7 4 8 9 1 5

【程序分析】

【程序设计】

【运行结果】

④任意输入 10 个数值,要求按照从小到大的顺序排序;然后再任意输入一个数值,要求将其插入到正确的位置,然后将 11 个数值按从小到大的顺序再输出。

【程序分析】

【程序设计】

【运行结果】

（5）实验拓展

①给一个一维数组任意输入 n 个整数，输出 n 行 n 列的方阵。

②已知某数列的特征如下：$a_1 = 1, a_n = a_1 + 2a_2 + 3a_3 + \cdots + (n-1)a_n - 1$，求出第 50 项的值并输出。

③请编写程序：其功能是生成并打印出该数列的前 20 项之和，该数列的第 1,2 项分别为 0 和 1，以后每个奇数编号的项是前两项之和，偶数编号的项是前两项差的绝对值。（提示：求绝对值函数为 fabs(x)，调用 math. h 头文件）

④任意输入 1 个数值，求得其逆序数。所谓逆序数是指一个数值中每位上的数值，判断并求得它左边的数值比它的数值大的个数。

比如：输入 32514。

其中 2 的左边比它大的数值个数，记为 1。

其中 5 的左边比它大的数值个数，记为 0。

其中 1 的左边比它大的数值个数，记为 3。

其中 4 的左边比它大的数值个数，记为 1。

最后答案是 5,5 就是 32514 这个数值的逆序数。

⑤任意给出一个四位数，把它重新组成一个四位的最大数和一个最小数，算出两者间的差。例如：3721 这个数，可以重组成 7321 和 1237，两数之差为 7321 - 1237。

实验 **7**

二维数组程序设计

(1)实验目的

①熟悉二维数组的定义和初始化。
②熟悉二维数组元素下标范围的取值。
③熟悉二维数组的引用方法。
④掌握二维数组的的输入、输出方法。
⑤理解二维数组的存储方式和赋值方法。
⑥掌握与二维数组有关的算法,如查找算法等。

(2)实验要求

①熟练使用二维数组解决相应问题。
②熟练二维数组在 for 循环嵌套语句中的使用。

(3)实验实例

1)将二维数组行列元素互换,存到另一个数组中。
【程序分析】
①输入:for 循环嵌套输入 $N*M$ 个整数,N 为二维数组行数,M 为二维数组列数。
②处理:二维数组在内存中是以一维的形式存放,注意在元素互换中二维数组下标的变换。
③输出:for 循环嵌套输出 $M*N$ 个整数,M 为互换后的二维数组行数,N 为互换后的二维数组列数。
【参考程序】

```
#include  < stdio. h >
int main( )
{
    int a[2][3]  =  { { 1,2,3 },{ 4,5,6 } };   //定义二维数组 a 并初始化
    int b[3][2], i, j;                        //定义二维数组 b,存放互换后的元素
```

```
        printf("转换前二维数组为:\n");
        for (i = 0; i < = 1; i + +)
        {
            for (j = 0; j < = 2; j + +)
            {
                printf("%5d", a[i][j]);    //按照二维数组 a 行列的顺序依次输出对
                                           //应的值
                b[j][i] = a[i][j];         //i 和 j 变量在二维数组 a 中表示为行和列,
                                           //在二维数组 b 中表示为列和行
            }
            printf("\n");
        }
        printf("转换后二维数组为::\n");
        for (i = 0; i < = 2; i + +)
        {
            for (j = 0; j < = 1; j + +)
                printf("%5d", b[i][j]);    //按照二维数组 b 行列的顺序依次
                                           //输出对应的值
            printf("\n");
        }
        return 0;
    }
```

【运行结果】如图 7-1 所示。

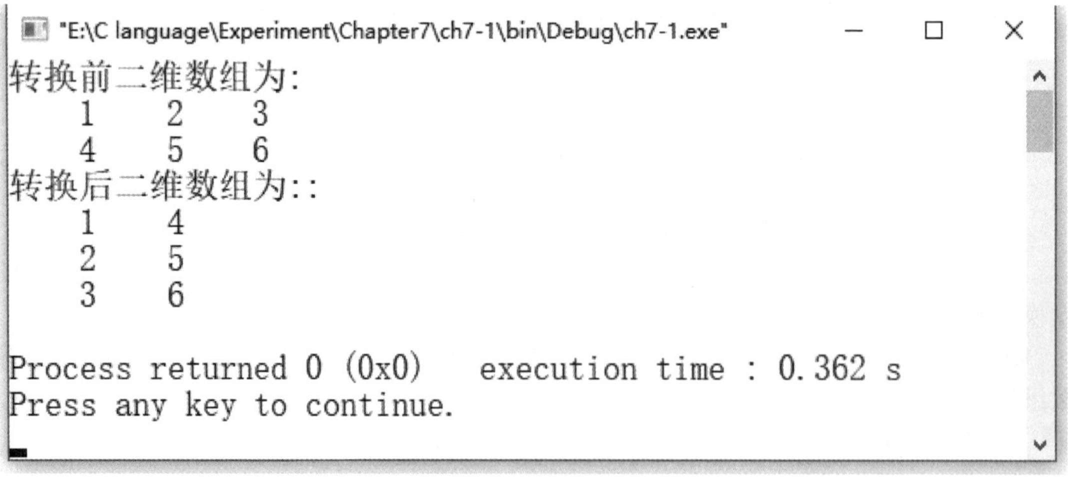

图 7-1 程序运行结果

2) 编写程序,实现矩阵乘法。

【程序分析】

①定义 3 个矩阵:int a[x][y],b[y][x],c[x][x];,其中,x 和 y 都是常量。c = a * b。

②乘法计算时有公式:c[i][j] = a[i][0] * b[0][j] + a[i][1] * b[1][j] + … + a[i][y-1] * b[y-1][j]。

【参考程序】

```
#include <stdio.h>
#define X 2                      //宏定义,X 代替 2
#define Y 3                      //宏定义,Y 代替 3
int main()
{
    int a[X][Y], b[Y][X], c[X][X];
    int i, j, l;
    printf("请输入数组 a 的值(2 行 3 列):\n");
    for (i = 0; i < X; i++)
        for (j = 0; j < Y; j++)
            scanf("%d", &a[i][j]);          //循环输入二维数组 a 的值
    printf("请输入数组 b 的值(3 行 2 列):\n");
    for (i = 0; i < Y; i++)
        for (j = 0; j < X; j++)
            scanf("%d", &b[i][j]);          //循环输入二维数组 b 的值
    printf("输出数组 a 的值:");
    for (i = 0; i < X; i++)
    {
        printf("\n");
        for (j = 0; j < Y; j++)
            printf("%6d", a[i][j]);         //循环输出二维数组 a 的值
    }
    printf("\n");
    printf("输出数组 b 的值:");
    for (i = 0; i < Y; i++)
    {
        printf("\n");
        for (j = 0; j < X; j++)
            printf("%6d", b[i][j]);         //循环输出二维数组 b 的值
    }
    printf("\n");
    for (i = 0; i < X; i++)
    {
        for (j = 0; j < X; j++)
        {
            c[i][j] = 0;
```

```
            for (l = 0; l < Y; l++)
                c[i][j] = a[i][l] * b[l][j] + c[i][j];  //矩阵相乘,得出的新
矩阵的行数为相乘第一个矩阵的行数,新矩阵的列数为相乘第二个矩阵的列数
            }
        }
    printf("输出所求数组 c 的值:");
    for (i = 0; i < X; i++)
    {
        printf("\n");
        for (j = 0; j < X; j++)
            printf("%6d", c[i][j]);                    //循环输出二维数组 c 的值
    }
    printf("\n");
    return 0;
}
```

【运行结果】如图 7-2 所示。

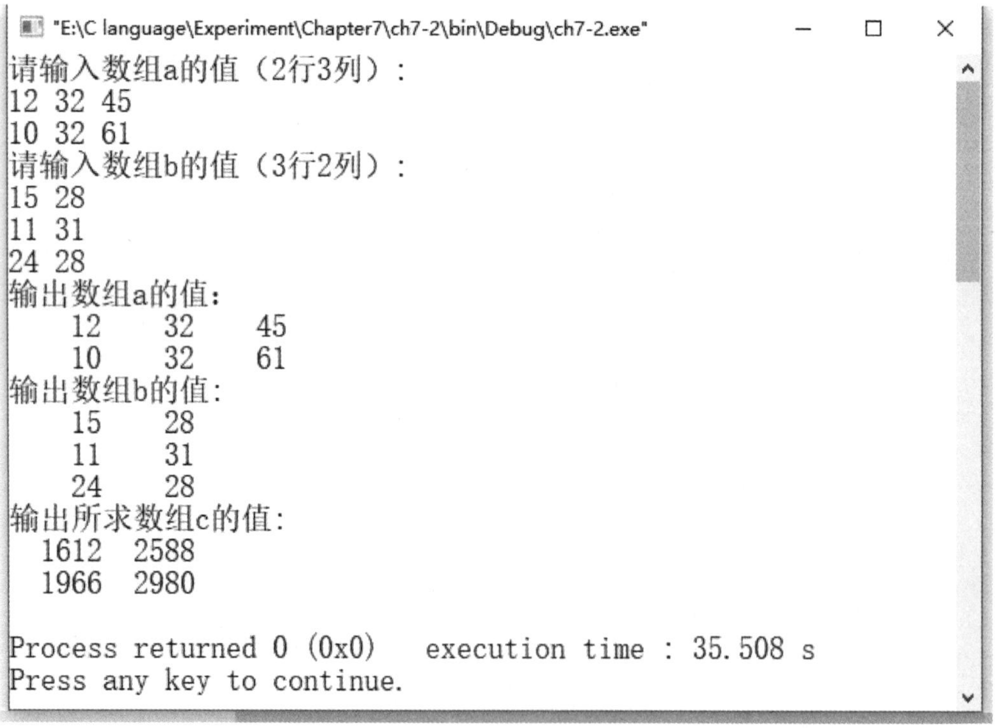

图 7-2　程序运行结果

(4) 实验内容

①请编写程序实现此功能:从键盘上输入 6 名学生的 5 门成绩,分别统计出每个学生的平均成绩和总成绩,并输出。

【程序分析】

【程序设计】

【运行结果】

②编写程序输出 10 行 10 列的杨辉三角,如下所示:

```
1
1    1
1    2    1
1    3    3    1
1    4    6    4    1
......
```

【程序分析】

【程序设计】

【运行结果】

③读入下表中值到数组,分别求各行、各列及表中所有数之和,如下所示:

5	3	12	20
10	8	6	24
7	4	16	27
11	14	2	27
33	29	36	98

【程序分析】

【程序设计】

【运行结果】

④班级竞选班长,有3个候选人,输入投票的人数,输入每个人的选票情况(每个人可以投3票),然后输出最后排名前3位候选人的得票情况。

【程序分析】

【程序设计】

【运行结果】

(5)实验拓展

①已知一个二维数组 int a[5][3],里面的元素已经被初始化为大小不等的值。编写代码,对此二维数组行排序,排序结果是数组的第0行平均值最小,第4行平均值最大。

②鞍点(Saddle point)在微分方程中,沿着某一方向是稳定的,另一条方向是不稳定的奇点,叫作鞍点。在泛函中,既不是极大值点也不是极小值点的临界点,叫作鞍点。在矩阵中,一个数在所在行中是最大值,在所在列中是最小值,则被称为鞍点。在物理上要广泛一些,指在一个方向是极大值,另一个方向是极小值的点。输入 N 行 N 列的矩阵,求出鞍点。

③求给定的 M 行 M 列矩阵的主、副对角线上元素之和,两条对角线相交的元素只加一次。

④编程将二维数组 a 中的每一列元素向右移动一列,而原来最右边的那一列元素移到最左边(见下图所示),请分别用两种方式实现:

a.用数组 b 存放移动后的数据。

b.在数组 a 原有的空间上实现移动。

```
1  2  3        3  1  2
4  5  6   →    6  4  5
7  8  9        9  7  8
```

⑤打印图形。

小明在 X 星球的城堡中发现了如下图形和文字：

rank = 3 时：

```
      *
     * *
    *   *
   * * * *
```

rank = 5 时：

```
               *
              * *
             *   *
            * * * *
           *       *
          * *     * *
         *   *   *   *
        * * * * * * * *
       *               *
      * *             * *
     *   *           *   *
    * * * *         * * * *
   *       *       *       *
  * *     * *     * *     * *
 *   *   *   *   *   *   *   *
* * * * * * * * * * * * * * * *
```

rank = 6 时：

```
                               *
                              * *
                             *   *
                            * * * *
                           *       *
                          * *     * *
                         *   *   *   *
                        * * * * * * * *
                       *               *
                      * *             * *
                     *   *           *   *
                    * * * *         * * * *
                   *       *       *       *
                  * *     * *     * *     * *
                 *   *   *   *   *   *   *   *
                * * * * * * * * * * * * * * * *
               *                               *
              * *                             * *
             *   *                           *   *
            * * * *                         * * * *
           *       *                       *       *
          * *     * *                     * *     * *
         *   *   *   *                   *   *   *   *
        * * * * * * * *                 * * * * * * * *
       *               *               *               *
      * *             * *             * *             * *
     *   *           *   *           *   *           *   *
    * * * *         * * * *         * * * *         * * * *
   *       *       *       *       *       *       *       *
  * *     * *     * *     * *     * *     * *     * *     * *
 *   *   *   *   *   *   *   *   *   *   *   *   *   *   *   *
* * * * * * * * * * * * * * * * * * * * * * * * * * * * * * * *
```

请开动脑筋,编写程序,实现该图形的打印。

实验 **8**
字符数组程序设计

(1) **实验目的**

①熟悉字符数组的定义和初始化。
②掌握字符数组与字符串的使用方法。
③理解字符数组与其他数组的区别、理解字符串及其特点。
④掌握常用的字符串处理库函数的用法并清楚对字符串的简单处理。

(2) **实验要求**

①熟练使用字符数组解决相应问题。
②熟练字符数组的几种输入输出的区别。

(3) **实验实例**

1) 从键盘任意输入一个字符串 s1(100 个字符以内),再输入另一个字符串 s2(10 个字符以内),编程统计字符串 s2 在字符串 s1 中出现的次数。

【程序分析】

①输入:定义两个字符数组 s1 和 s2,并完成字符串的输入,在输入时特别要注意区别 gets 输入和 scanf 输入的不同点。

②处理:从第一个字符开始,对字符串 s1 进行遍历,如果字符串 s1 中的当前字符等于字符串 s2 中的第一个字符,则两个字符串继续比较下一个字符串,直到字符串 s2 比较完一次(以\0 为结束符),出现次数的变量加 1,字符串 s1 继续下移,而字符串 s2 重回第一个字符,重新再比较;如果不相同,则字符串 s1 继续下移,而字符串 s2 重回第一个字符,重新再比较。

③输出:统计次数 count。

【参考程序】

```
#include < stdio. h >
#include < string. h >
int main( )
{
```

```
        char s1[100], s2[10];
        int i, j, count = 0, len1, len2;
        printf("请输入字符串 S1:");
        gets(s1);
        printf("请输入字符串 S2:");
        gets(s2);
        len1 = strlen(s1);          //求字符串 S1 的长度
        len2 = strlen(s2);          //求字符串 S2 的长度
        for (i = 0; i < len1; i++)
        {
            for (j = 0; j < len2; j++)
            {
                if (s1[i + j] ! = s2[j])      //判断数组 S2 中元素和数组 S1 中元素不
                    break;                    //同时,内部循环中断
            }
            if (j == len2)    //当上面循环没被中断,j 最后的值为 len2, //字符串匹配成功
            {
                count ++;
            }
        }
        printf("字符串 S1 中有%d 个 S2 字符串\n", count);       //输出字符串 S2 在字
符串
                                      //S1 中出现的次数
        printf("\n");
        return 0;
    }
```

【运行结果】如图 8-1 所示。

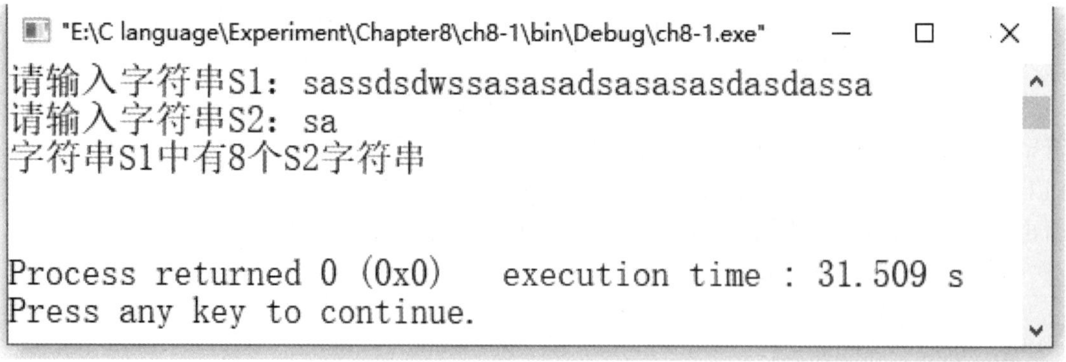

图 8-1　程序运行结果

2)输入一行字符,统计其中的单词个数,单词间空格分开。

【程序分析】

根据题目要求,可以用一个字符数组来存储输入的这行字符。要统计其中单词数,就是判断该字符数组中的各个字符,如果出现非空格字符,且其前一个字符为空格,则新单词开始,计数 num 加 1。

但这在第一个单词出现时有点特殊,因为第一个单词前面可能没有空格,因此在程序里我们可以人为加上一个标志 word,并初始化为 0。该标志指示前一个字符是否是空格,如果该标志值为 0 则表示前一个字符为空格。

【参考程序】

```
#include  < stdio. h >
#include  < string. h >
int main( )
{
    char string[81];
    int i, num  = 0, k = 0;     //num 表示单词个数,k 为 0 时表示没有新单词开始
                                //k 为 1 时表示有新单词开始
    char c;
    printf("请输入一行字符串: \n");
    gets(string);               //使用字符函数 gets 输入字符串
    for (i = 0; (c = string[i]) ! = '\0'; i ++ )      //循环以\'0'作为结束字符
    {
        if (c == ' ')           //取出的当前字符为空格时,k 赋值为 0
        {
            k = 0;
        }
        else if (k == 0)        //只有上面 if 语句为假的时候,才会执行 else if 语句
        {
            k = 1;              //新单词开始
            num ++ ;            //单词个数加 1
        }
    }
    printf("你输入的字符串有%d 个单词。\n", num);
    return 0;
}
```

【运行结果】如图 8-2 所示。

```
■ "E:\C language\Experiment\Chapter8\ch8-2\bin\Debug\ch8-2.exe"              —    □    ×
请输入一行字符串:
Welcome students from all over the country to city branch family
你输入的字符串有11个单词。

Process returned 0 (0x0)    execution time : 152.521 s
Press any key to continue.
```

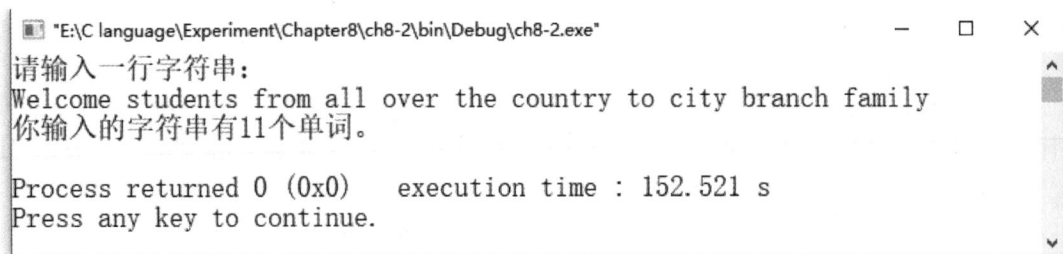

图 8-2　程序运行结果

(4) 实验内容

①任意输入一段英文,统计其中英文字符 a 的个数,不区分大小写。

【程序分析】

【程序设计】

【运行结果】

②请编写程序实现功能:从键盘上输入 6 名学生的 5 门成绩,分别统计出每个学生的平均成绩和总成绩,并输出。

【程序分析】

【程序设计】

【运行结果】

③先输入一行字符,将其存放在字符数组中,再输入一个指定字符,在字符数组中查找这个指定字符,若数组中含有该字符,则输出该字符在数组中第一次出现的位置(即下标),否则输出 −1。

【程序分析】

【程序设计】

【运行结果】

④编程实现输入一行字符,将其中重复出现的字符全部删除。

例如:若输入字符串:abcdabghakdmncdgkp,

则删除重复字符后应输出:abcdghkmnp。

【程序分析】

【程序设计】

【运行结果】

（5）实验拓展

①任意输入一段英文,将其中所有的数字字符删除。

②从键盘上任意输入一个字符串,将该字符串中的字符按照 ASCII 码的顺序从小到大排序后输出。

③任意输入一段英文,将其中所有小写字母,转换为对应的大写字母,然后再输出。

④把 1,2,3,…,19 共 19 个整数排列成六角形状,如图 8-3 所示:

```
      * * *
     * * * *
    * * * * *
     * * * *
      * * *
```

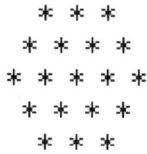

图 8-3　六角形状

要求每个直线上的数字之和必须相等。共有 15 条直线!

预先填好了 2 个数字,第一行的头两个数字是:15、13,参见图 8-4,第三行为所求。

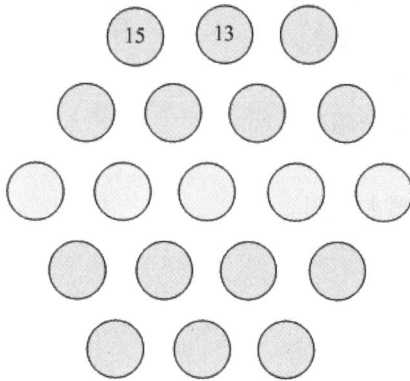

图 8-4　预先填写好的六角形状

实验 9

自定义函数程序设计

(1) **实验目的**

①理解函数的概念。
②掌握自定义函数的定义,自定义函数的声明以及函数的调用。
③掌握函数实参与形参的对应关系。
④掌握函数参数的传递方式。
⑤掌握函数的嵌套调用和递归调用。
⑥掌握全局变量的使用。
⑦掌握动态变量和静态变量的使用。
⑧理解内部函数和外部函数的概念。

(2) **实验要求**

①熟练运用函数不同的编写方法。
②熟练运用函数的参数传递方式。
③熟练运用函数的递归调用来解决实际问题。

(3) **实验实例**

1) 输入 2 个数值分别给 a 和 b,求最大值。要求将求解最大值的功能用自定义函数来实现。
【程序分析】
①输入 a 和 b 的值。
②利用 if 语句实现判断并求得最大值。但是要把这部分书写为自定义函数。
③最后在主函数中完成变量定义,2 个数值的输入,函数的调用等步骤。
【参考程序】
用一个主函数实现该功能(不带自定义函数)。

```
#include < stdio. h >
int main( )
```

```
{
    double a,b,max;
    printf("输入 a 的值:");
    scanf("%lf",&a);
    printf("输入 b 的值:");
    scanf("%lf",&b);
    if(a>b)
        max = a;
    else
        max = b;
    printf("输出最大值是%lf\n",max);
    return 0;
}
```

方法 1(带自定义函数:利用局部变量实现):

```
#include <stdio.h>
double big(double a,double b)    //自定义函数
{
    double max;
    if(a>b)
        max = a;
    else
        max = b;
    return max;
}
int main()
{
    double a,b,max;
    printf("输入 a 的值:");
    scanf("%lf",&a);
    printf("输入 b 的值:");
    scanf("%lf",&b);
    max = big(a,b);    //函数调用
    printf("输出最大值是%lf\n",max);
    return 0;
}
```

方法 2(带自定义函数:输出结果留在自定义函数内部,前提是没有要求输出必须在何处完成。):

```
#include <stdio.h>
void big(double a,double b)//自定义函数不但实现了求最大值也实现了最大值的输出
```

```
{
    double max;
    if(a > b)
        max = a;
    else
        max = b;
    printf("输出最大值是%lf\n",max);
}
int main()
{
    double a,b,max;
    printf("输入 a 的值:");
    scanf("%lf",&a);
    printf("输入 b 的值:");
    scanf("%lf",&b);
    big(a,b);          //函数调用
    return 0;
}
```

方法 3(带自定义函数:利用全局变量实现):

```
#include < stdio.h >
double a,b,max;//全局变量
void big( )
{
    if(a > b)
        max = a;
    else
        max = b;
}
int main()
{
    printf("输入 a 的值:");
    scanf("%lf",&a);
    printf("输入 b 的值:");
    scanf("%lf",&b);
    big(a,b);    //函数调用
    printf("输出最大值是%lf\n",max);
    return 0;
}
```

方法 4(带自定义函数:主函数在上,自定义函数在下)

```
#include < stdio. h >
int main( )
{
    double big( double a,double b); //自定义函数的声明
    double a,b,max;
    printf("输入 a 的值:");
    scanf("% lf",&a);
    printf("输入 b 的值:");
    scanf("% lf",&b);
    max = big(a,b); //函数调用
    printf("输出最大值是% lf\n",max);
    return 0;
}
double big( double a,double b) //自定义函数
{
    double max;
    if( a > b)
        max = a;
    else
        max = b;
    return max;
}
```

【运行结果】如图 9-1 所示。

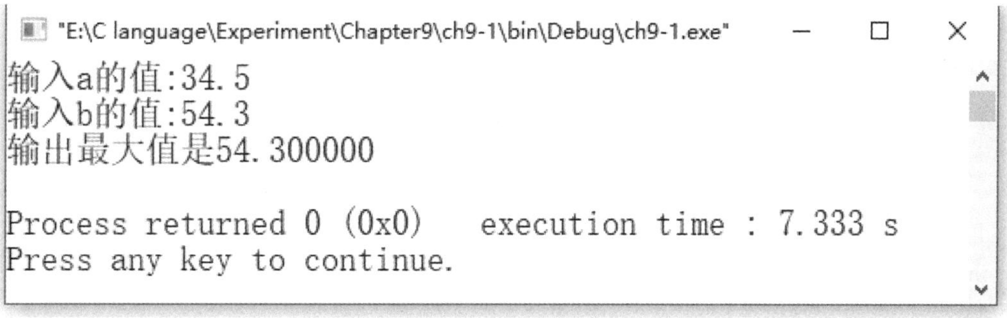

图 9-1   程序运行结果

2)输入一个正整数给 n,求 n!。

【程序分析】

①输入 n 的值(建议此题用 double 型进行变量的定义,如果要计算较大值的阶乘的时候,int 型只能表示最大值是约 21 多亿)。

②方法 1:可以使用连乘的方式实现。方法 2:也可以使用函数递归调用的方式实现。

方法 1:例如求 5 的阶乘,其中 jc = 1 * 2 * 3 * 4 * 5,则可分析得出 jc = jc * i; i ∈ [1,5]。

方法 2:例如求 5 的阶乘,其中 5! = 5 * 4!,4! = 4 * 3!,3! = 3 * 2!,2! = 2 * 1!,1! = 1。

再转换为函数形式,f(5) = 5 * f(4),f(4) = 4 * f(3),f(3) = 3 * f(2),f(2) = 2 * f(1),f(1) = 1。

最后总结归纳,当 n≥2 时,f(n) = n * f(n – 1),当 n == 1 时,f(n) = 1。

(提醒:函数的递归调用必须由 2 个要素实现,其一是递归算法,其二是终结条件。)

③最后利用自定义函数的方式实现。

【参考程序】

用一个主函数实现该功能(不带自定义函数)。

```c
#include < stdio. h >
int main( )
{
    double jc,n,i;
    printf("输入一个正整数给 n:");
    scanf("% lf",&n);
    jc = 1;
    for( i = 1;i < = n;i ++ )
        jc = jc * i;
    printf("输出阶乘是% lf\n",jc);
    return 0;
}
```

方法 1(带自定义函数):

```c
#include < stdio. h >
double f( double n)
{
    double jc,i;
    jc = 1;
    for( i = 1;i < = n;i ++ )
        jc = jc * i;
    return jc;
}
int main( )
{
    double jc,n;
    printf("输入一个正整数给 n:");
    scanf("% lf",&n);
    jc = f( n);
    printf("输出阶乘是% lf\n",jc);
    return 0;
}
```

方法 2(函数的递归调用实现):

```
#include < stdio. h >
double f( double n)
{
    double jc;
    if( n > = 2)
        jc = n * f( n - 1) ;  // 递归算法表达式
    else
        jc = 1 ; // 终结条件
    return jc ;
}
int main( )
{
    double jc,n;
    printf( "输入一个正整数给 n:" ) ;
    scanf( "% lf" ,&n) ;
    jc = f( n) ;
    printf( "输出阶乘是% lf\n" ,jc) ;
    return 0 ;
}
```

【运行结果】如图 9-2 所示。

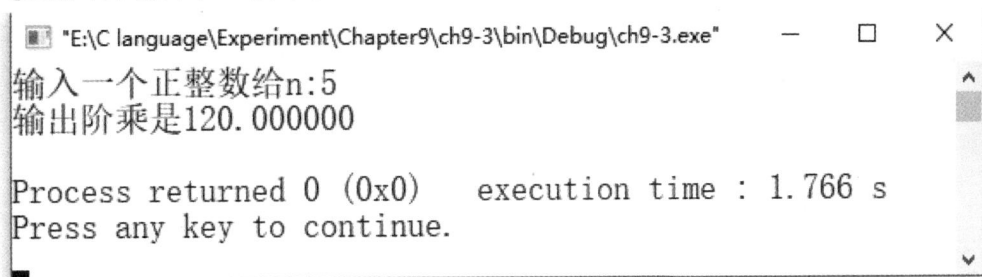

图 9-2 程序运行结果

3)输入一个寝室 6 个人本学期英语、高数、体育、毛概、程序设计技术、计算机导论等 6 门科目的成绩。请用不同的自定义函数分别实现输入成绩、计算总分、计算平均分、输出成绩表。用学号来区分每个同学。

【程序分析】

①可以使用局部数组或者全局数组的方式实现,根据题目要求分析出需要用一个 6 行 9 列的二维数组来实现。

②输入、计算总分和计算平均分、输出成绩表这 3 个功能,都需要用循环来实现。

③无论是局部数组或者全局数组的方式实现,都有一个共性,调用函数的时候不需要返回值。(因为数组作为参数的时候,不用返回值即可在一个自定义函数中改变另外一个函数中的数组中的值,此部分参考理论教材。)

【参考程序】

方法 1（全局数组）：

```c
#include < stdio. h >
double score[6][9];//全局数组
char name[9][13] = {"学号","英语","高数","体育","毛概","程序设计技术","计算机导论","总分","平均分"};//全局数组
int i,j;//全局变量
void input( )//输入功能
{
    printf("\t\t 输入每个同学的学号和成绩\n");
    for(i = 0;i < = 5;i ++ )
    {
        //输出提示文字,显示输入第 1 个同学的信息类似的文字
        printf("输入第% d 个同学的信息\n",i + 1);
        for(j = 0;j < = 6;j ++ )
        {
            printf("输入% s:",name[j]);
            scanf("% lf",&score[i][j]);
        }
    }
}

void calculate( )//计算功能
{
    int s;
    for(i = 0;i < = 5;i ++ )
    {
        s = 0;
        for(j = 1;j < = 6;j ++ )
        {
            s = s + score[i][j];
        }
        score[i][7] = s;
        score[i][8] = s/6;
    }
}

void output( )//输出功能
{
    printf("\t\t 输出每个同学的学号、成绩、总分和平均分\n");
    //输出学号、英语等名称
```

```
        for(j = 0;j < = 8;j + + )
            printf("% - 13s",name[j]);
    printf("\n");
    //输出学号、英语等对应的数值
    for(i = 0;i < = 5;i + + )
    {
        for(j = 0;j < = 8;j + + )
        {
            printf("% - 13.0lf",score[i][j]);
        }
        printf("\n");
    }
}


int main()
{
    input();
    calculate();
    output();
}
```

方法 2(局部数组):

```
#include < stdio. h >
void input(char name[9][13],double score[6][9])//输入功能
{
    int i,j;
    printf("\t\t 输入每个同学的学号和成绩\n");
    for(i = 0;i < = 5;i + + )
    {
        printf("输入第% d 个同学的信息\n",i + 1);//输出提示文字,显示输入第 1 个
同学的信息类似的文字
        for(j = 0;j < = 6;j + + )
        {
            printf("输入% s:",name[j]);
            scanf("% lf",&score[i][j]);
        }
    }
}
void calculate(char name[9][13],double score[6][9])//计算功能
{
```

```
        int s,i,j;
        for(i =0;i < =5;i ++ )
        {
            s =0;
            for(j =1;j < =6;j ++ )
            {
                s = s + score[i][j];
            }
            score[i][7] = s;
            score[i][8] = s/6;
        }
}

void output( char name[9][13],double score[6][9]) //输出功能
{
        int i,j;
        printf("\t\t 输出每个同学的学号、成绩、总分和平均分\n");
        //输出学号、英语等名称
        for(j =0;j < =8;j ++ )
            printf("% -13s",name[j]);
        printf("\n");
        //输出学号、英语等对应的数值
        for(i =0;i < =5;i ++ )
        {
            for(j =0;j < =8;j ++ )
            {
                printf("% -13.0lf",score[i][j]);
            }
            printf("\n");
        }
}

int main()
{
        char name[9][13] = {"学号","英语","高数","体育","毛概","程序设计技
术","计算机导论","总分","平均分"};//局部数组
        double score[6][9];//局部数组
        input( name,score);
        calculate( name,score);
        output( name,score);
}
```

【运行结果】如图 9-3、图 9-4 所示。

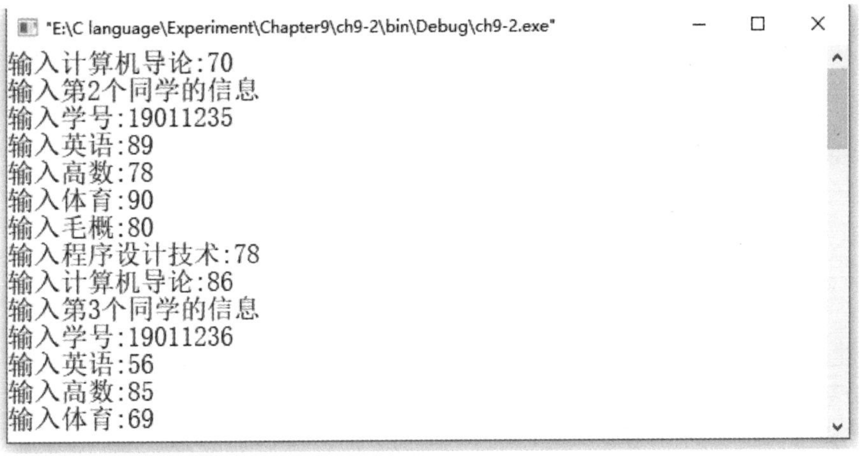

图 9-3　程序运行结果

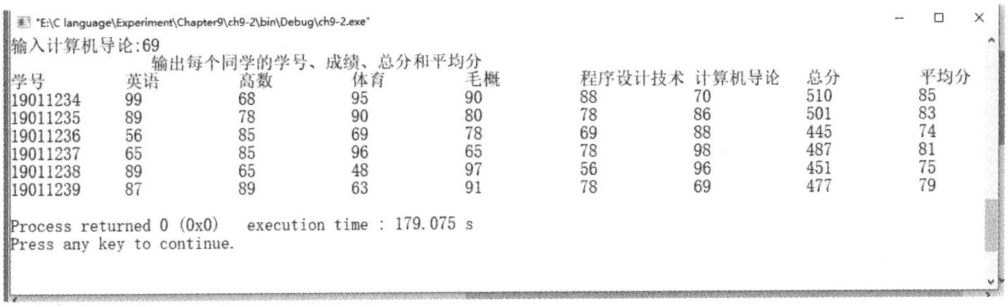

学号	英语	高数	体育	毛概	程序设计技术	计算机导论	总分	平均分
19011234	99	68	95	90	88	70	510	85
19011235	89	78	90	80	78	86	501	83
19011236	56	85	69	78	69	88	445	74
19011237	65	85	96	65	78	98	487	81
19011238	89	65	48	97	56	96	451	75
19011239	87	89	63	91	78	69	477	79

图 9-4　程序运行结果

(4) 实验内容

①从键盘上任意输入 2 个数值分别给自变量 a 和 b，求出最大公约数和最小公倍数。要求求最大公约数和求最小公倍数的功能分别用不同的自定义函数来实现。

【程序分析】

【参考程序】

【运行结果】

②从键盘上任意输入一个年月日,计算这天是该年的第几天。要求将输入、求解、输出等 3 个功能分别用不同的自定义函数来实现。

【程序分析】

【参考程序】

【运行结果】

③请从键盘上输入一段阶梯的数量给自变量 n,表示有 n 阶。上楼梯的过程中可以选择一步跨 1 阶,或者一步跨 2 阶,或者一步跨 3 阶。问有多少种上阶梯的方法?

(说明:如果是共 4 阶,则 1-1-2 和 1-2-1 分别计为不同的上阶梯的方法。)

【程序分析】

【参考程序】

【运行结果】

④话说大诗人李白,一生好饮。幸好他从不开车。一天,他提着酒壶,从家里出来,酒壶中有酒 2 斗。他边走边唱:无事街上走,提壶去打酒。逢店加一倍,遇花喝一斗。这一路上,他一共遇到店 5 次,遇到花 10 次,已知最后一次遇到的是花,他正好把酒喝光了。请你计算李白遇到店和花的次序,可以把遇店记为 a,遇花记为 b。则:babaabbabbabbbb 就是合理的次序。输出所有的正确次序,这样的答案一共有多少呢? 请你计算出所有可能方案的个数(包含题目给出的)。

【程序分析】

【参考程序】

【运行结果】

(5) 实验拓展

①任意输入一个整数,编写一个函数 isPrimeNumber 用来判断输入的整数是否是素数。

②编写函数求 Fibonacci 数列的第 n 项的值,然后在主函数中调用该函数输出第 n 项的值。

③编写排序的函数 sort,实现调用该函数对任意一组数据进行从小到大的顺序排序。

④任意输入一段英文,分别统计出英文字符、数字字符、空格字符和其他字符等四大类字符各自的个数。要求将统计四大类字符个数的过程书写为自定义函数,输入、调用函数、输出结果放在主函数中完成。

⑤小明刚刚看完电影《第 39 级台阶》,离开电影院的时候,他数了数礼堂前的台阶数,恰好是 39 级!站在台阶前,他突然又想着一个问题:如果我每一步只能迈上 1 个或 2 个台阶。先迈左脚,然后左右交替,最后一步是迈右脚,也就是说一共要走偶数步。那么,上完 39 级台阶,有多少种不同的上法呢?请编写程序计算并输出结果。

⑥某电视台举办了低碳生活大奖赛。题目的计分规则相当奇怪:每位选手需要回答 10 个问题(其编号为 1 到 10),越后面越有难度。答对的,当前分数翻倍;答错了则扣掉与题号相同的分数(选手必须回答问题,不回答按错误处理)。每位选手都有一个起步的分数为 10 分。某获胜选手最终得分刚好是 100 分,如果不让你看比赛过程,你能推断出他(她)哪个题目答对了,哪个题目答错了吗?如果把答对的记为 1,答错的记为 0,则 10 个题目的回答情况可以用仅含有 1 和 0 的串来表示。例如:0010110011 就是可能的情况。要求:计算并输出所有可能情况,每个答案占一行。

⑦一个人赶着鸭子去每个村庄卖,每经过一个村子卖去所赶鸭子的一半又一只。这样他经过了七个村子后还剩两只鸭子,问他出发时共赶多少只鸭子?经过每个村子卖出多少只鸭子?(要求此题用函数的递归调用方法实现。)

⑧角谷定理。输入一个自然数,若为偶数,则把它除以 2,若为奇数,则把它乘以 3 加 1。经过如此有限次运算后,总可以得到自然数值 1。求经过多少次可得到自然数 1。(要求此题用函数的递归调用方法实现。)

(1) 实验目的

①掌握指针的定义和初始化。
②掌握一维数组与指针的应用。
③掌握二位数组与指针的应用。
④掌握字符数组与指针的应用。
⑤掌握函数与指针的应用。
⑥掌握指针和数组作为函数参数的应用。

(2) 实验要求

①熟练运用指针。
②熟练运用指针在函数中的应用。
③编写程序用实现指针的方式实现程序功能。

(3) 实验实例

1) 编写程序,实现 2 个数值的交换,要求必须用指针和自定义函数来实现。
【程序分析】
①输入 2 个数值、函数调用和结果输出等功能留在 main 函数中。
②一般一个自定义函数只能返回一个数据结果,如果一个函数要求返回的数据结果有 2 个或者 2 个以上,就可以使用指针的方式来实现。因为指针的作用之一:已知某数据在内存中的地址,即可以实现利用指针实现对该数据的间接访问。
【参考程序】

```
#include < stdio. h >
void swap( double * p,double * q) //p 得到 &a,q 得到 &b,所以 p 指向 a,q 指向 b
{
    double t; //定义临时变量
    t = * p;   // * p 表示 p 所指向的 a
```

```
        * p = * q;    // * q 表示 q 所指向的 b
        * q = t;
   }


   int main( )
   {
        double a, b;
        printf("输入 a 变量的值:");
        scanf("%lf", &a);
        printf("输入 b 变量的值:");
        scanf("%lf", &b);
        swap(&a, &b);  //实参是 a 和 b 变量各自的地址
        printf("交换之后的结果是: %lf %lf\n", a, b);
        return 0;
   }
```

【运行结果】如图 10-1 所示。

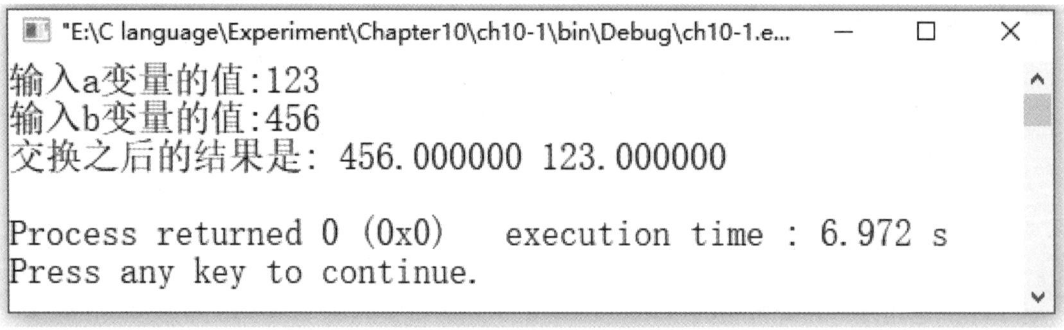

图 10-1   程序运行结果

2)输入一个寝室 6 位同学的身高,从低到高排序输出。要求:必须用指针的方式实现,其中排序功能必须要书写为自定义函数。

【程序分析】

①此题把数组定义、输入、函数调用和输出放在 main 函数中。

②一位数组与指针的关系是已知数组首元素的首地址,从而可以开始依次访问该数组中的每个数组元素。例如:每个数组元素的地址是 &a[0]、&a[1]、&a[1]……。因为数组元素在内存中是连续存储,所以上述每个数组元素的地址等价于 &a[0]、&a[0] + 1、&a[1] + 2 ……。数组元素的值是 * (&a[0])、* (&a[0] + 1)、* (&a[1] + 2)……。

③然后利用一个指针变量 p 来存储 &a[0],则数组元素的值是 * (p + 0)、* (p + 1)、* (p + 2)……。

【参考程序】

方法 1:让 p 指针一直指向数组的首元素,而利用 p + i 来实现指向数组中第 i 个数组元素,从而实现数据的访问。

```
#include < stdio. h >
```

```
//使用冒泡法来实现排序
void sort(double * p) //p 得到 &a[0]
{
    double t; //定义临时变量
    int i,j;

    for(j = 0;j < = 4;j + + )    //6 个数值排序一共要进行 5 轮
    {
        for(i = 0;i < = 4 - j;i + + ) //6 个数值第一轮进行 5 次比较,6 个数值第二轮进
行 4 次比较
        {
            if( * (p + i) > * (p + i + 1))
            {
                t = * (p + i);
                * (p + i) = * (p + i + 1);
                * (p + i + 1) = t;
            }
        }
    }
}
int main( )
{
    double a[6];
    int i;

    printf("输入 6 个同学的身高:\n");
    for(i = 0;i < = 5;i + + )
    {
        scanf("% lf",&a[i]);
    }

    sort(a); // 等价 sort(&a[0])
    printf("输出按照从低到高的排序后 6 个同学的身高:\n");
    for(i = 0;i < = 5;i + + )
    {
        printf("% lf\n",a[i]);
    }
    return 0;
}
```

方法 2:p 指针一开始指向数组的首元素,利用 p++ ,让 p 指针自己依次指向数组中的每个数组元素,从而实现数组中数组元素的依次访问。

```c
#include <stdio. h>
//使用冒泡法来实现排序
void sort(double * p)//p 得到 &a[0]
{
    double t;//定义临时变量
    int i,j;
    double * head = p;   //让 head 指针一直指向数组的首元素

    for(j=0;j< =4;j++)   //6 个数值排序一共要进行 5 轮
    {
        p = head; //因为每轮比较都让 p 指针指向原本其后的数组元素,所以每轮结束
后让 p 再重新指向首元素
        for(i=0;i< =4-j;i++) //6 个数值第一轮进行 5 次比较,6 个数值第二轮进
行 4 次比较
        {
            if((*p)>(*(p+1)))
            {
                t=*p;
                *p=*(p+1);
                *(p+1)=t;
            }
            p++;   //不论交换或者不换,都让 p 接下来指向其后一个元素
        }
    }
}

int main()
{
    double a[6];
    int i;

    printf("输入 6 个同学的身高:\n");
    for(i=0;i< =5;i++)
    {
        scanf("%lf",&a[i]);
    }
```

```
sort(a); // 等价 sort(&a[0])

printf("输出按照从低到高的排序后 6 个同学的身高:\n");
for(i = 0; i < 5; i ++)
{
    printf("% lf\n", a[i]);
}

return 0;
}
```

方法 3:因为数组名已经是首元素的地址,所以其本质上就是地址也就是指针。也就可以利用数组的模样实现指针可以实现的一切写法。也就是 *(p + i)等价于 p[i],而 p[i]等价于 a[i]。

```
#include < stdio. h >
// 使用冒泡法来实现排序
void sort(double * p) // p 得到 &a[0]
{
    double t; // 定义临时变量
    int i,j;

    for(j = 0; j < =4; j ++)    // 6 个数值排序一共要进行 5 轮
    {
        for(i = 0; i < =4 - j; i ++) // 6 个数值第一轮进行 5 次比较,6 个数值第二轮进
行 4 次比较
        {
            if(p[i] > p[i + 1])
            {
                t = p[i];    // 请特别注意以下 3 行,区别前 2 种写法。
                p[i] = p[i + 1];
                p[i + 1] = t;
            }
        }
    }
}
int main()
{
    double a[6];
    int i;
```

```
        printf("输入 6 个同学的身高:\n");
        for(i=0;i<=5;i++)
        {
            scanf("%lf",&a[i]);
        }

        sort(a); // 等价 sort(&a[0])

        printf("输出按照从低到高的排序后 6 个同学的身高:\n");
        for(i=0;i<=5;i++)
        {
            printf("%lf\n",a[i]);
        }

        return 0;
}
```

【运行结果】如图 10-2 所示。

```
"E:\C language\Experiment\Chapter10\ch10-2\bin\Debug\ch10-2.e...    —    □    ×
输入6个同学的身高:
176
186
185
169
170
160
输出按照从低到高的排序后6个同学的身高:
160.000000
169.000000
170.000000
176.000000
185.000000
186.000000

Process returned 0 (0x0)   execution time : 24.498 s
Press any key to continue.
```

图 10-2　程序运行结果

3）输入 3 行 4 列矩阵 a 的所有值,求得并输出其对应的转置矩阵。

【程序分析】

①因为矩阵数据呈现的是二维,所以此题将使用二位数组来解决问题。

②将输入功能、函数调用、输出功能在 main 函数中实现。

③所谓转置就是数据的行列互换。

④二维数组中指针的关系是：＊（a＋i）＋j 等价 &a[i][j]，也就是 a[i][j] 的地址。＊（＊（a＋i）＋j)等价 a[i][j]，也就是 a[i][j] 的值。

⑤因为二维数组的数组名也就是 a 等价 &a[0]，所以数组名 a 亦是地址也就是指针，但是它指向的是整个首行，也就是指向一个长度为 4 的一位数组，因此此题要用指向数组的指针来实现。例如：int（＊p)[4]；此定义的含义是定义了一个 p 指针变量，它指向的是一个长度为 4 的一维数组。

【参考程序】

```
#include < stdio. h >
void transposition（int（＊p)[4],int（＊q)[3])//p 指向数组 a 的首行,q 指向 b 数组的
首行
{
    int i,j;

    for(i =0;i < =2;i ++ )
    {
        for(j =0;j < =3;j ++ )
        {
            ＊（＊（q +j) +i) = ＊（＊（p +i) +j)；//实现行列互换
        }
    }
}


int main( )
{
    int a[3][4],b[4][3],i,j;

    printf("输入 3 行 4 列矩阵的所有数值:\n")；
    for(i =0;i < =2;i ++ )
    {
        for(j =0;j < =3;j ++ )
        {
            scanf("% d",&a[i][j])；
        }
    }

    transposition（a,b)；// 等价 transposition（&a[0],&b[0])

    printf("输出 4 行 3 列转置矩阵的所有数值:\n")；
```

```
        for(i = 0; i < = 3; i + + )
        {
            for(j = 0; j < = 2; j + + )
            {
                printf("% - 5d", b[i][j]);
            }
            printf("\n");
        }

        return 0;
    }
```

【运行结果】如图 10-3 所示。

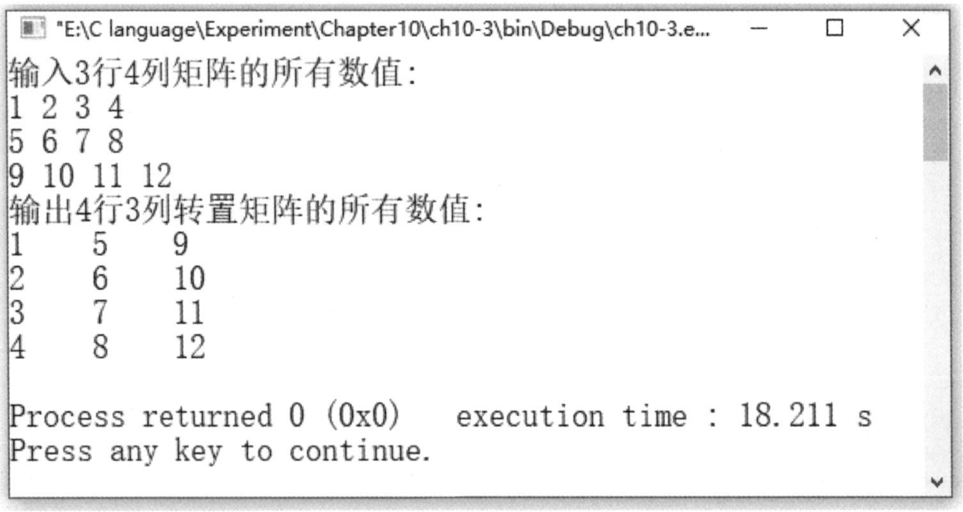

图 10-3　程序运行结果

4)输入一段英文,统计其中英文字符、数字字符、空格字符和其他字符等四大类字符的个数。

【程序分析】

①首先需要一个一维字符数组来存储一段英文。

②将输入功能、函数调用、输出功能在 main 函数中实现。

③字符数组与指针的关系是:如有代码 char str[1000];则有 str + i 等价于 &str[i],也就是 str 数组中第 i 个数组元素的地址。则有 * (str + i)等价于 str[i],也就是 str 数组中第 i 个数组元素的值。

④因为输入的英文长度不确定,也可以使用 malloc 函数实现程序中所需的存储空间立即划分。

【参考程序】

方法 1:使用数组结合指针的方式来实现。

#include < stdio. h >

```c
void compute( char  * p, int  * q)
{
    int i;
    for( i = 0; * ( p + i)!  = '\0'; i ++ )
    {
        if( * ( p + i) > = 'A' &&  * ( p + i) < = 'Z'  ‖  * ( p + i) > = 'a' &&  * ( p + i) < = 'z')
            ( * ( q + 0) ) ++ ;
        else if( * ( p + i) > = '0' &&  * ( p + i) < = '9')
            ( * ( q + 1) ) ++ ;
        else if( * ( p + i) == ' ')
            ( * ( q + 2) ) ++ ;
        else
            ( * ( q + 3) ) ++ ;
    }
}


int main( )
{
    char name[4][9] = {"英文字符","数字字符","空格字符","其他字符"};  // 表示
四大类字符的名称
    char str[1000];  // 存储输入的英文
    int num[4] = {0}, i;  // 存储四大类字符各自的数量, 所以初始值是 0

    printf("任意输入一段英文:");
    gets( str);

    compute( str, num);

    for( i = 0; i < =3; i ++ )
    {
        printf("%s 的数量是%d 个\n", name[i], num[i]);
    }

    return 0;
}
```

方法 2:不使用数组而使用 malloc 函数来实现在内存中对所需存储空间的划分。注意 malloc 函数叫动态内存分配函数,用于申请一块连续的指定大小的内存块区域。它属于头文件 stdlib. h。

```c
#include <stdio. h>
#include <stdlib. h>

void compute(char *p,int *q)
{
    int i;
    for(i =0; *(p +i)! = '\0';i ++ )
    {
        if( *(p +i) > = 'A' && *(p +i) < = 'Z' || *(p +i) > = 'a' && *(p +i) < = 'z')
            (*(q +0)) ++ ;
        else if( *(p +i) > = '0 ' && *(p +i) < = '9 ')
            (*(q +1)) ++ ;
        else if( *(p +i) == ' ')
            (*(q +2)) ++ ;
        else
            (*(q +3)) ++ ;
    }
}

int main()
{
    char *name[4] = {"英文字符","数字字符","空格字符","其他字符"}; //表示四
大类字符的名称
    char *str; //存储输入的英文
    int *num,i,n; //存储四大类字符各自的数量,所以初始值是 0

    printf("输入英文的大约的字符个数:");
    scanf("%d",&n);

    str = (char *)malloc(sizeof(char) *n);
    num = (int *)malloc(sizeof(int) *4);
    for(i =0;i < =3;i ++ ) //num 所指向 4 个整数的存储空间都初始化为 0
        *(num +i) =0;

    getchar(); //处理掉输入字符个数整数后的回车键,避免对下面的字符串输入带来
影响
    printf("任意输入一段英文:");
    gets(str);
```

```
        compute(str,num);

        for(i=0;i<=3;i++)
        {
            printf("%s 的数量是%d 个\n",name[i],num[i]);
        }

        return 0;
}
```

【运行结果】如图 10-4 所示。

```
▣ "E:\C language\Experiment\Chapter10\ch10-4\bin\Debug\ch10-4.e...   —   □   ×

任意输入一段英文:I love you for 10000 years.
英文字符的数量是16个
数字字符的数量是5个
空格字符的数量是5个
其他字符的数量是1个

Process returned 0 (0x0)    execution time : 16.778 s
Press any key to continue.
```

图 10-4　程序运行结果

(4) 实验内容

①输入 3 个同学的身高,要求按照从小到大的顺序排序并输出。要求:必须用指针加自定义函数的方式实现功能。

【程序分析】

【参考程序】

【运行结果】

②已知某数列的特征如下:$a_1 = 1$,$a_n = a_1 + 2a_2 + 3a_3 + \cdots + (n-1)a_{n-1}$。输入 n 的值,求得并输出第 n 项的值。要求:必须用指针加自定义函数的方式实现功能。

【程序分析】

【参考程序】

【运行结果】

③输入一个寝室 6 位同学本学期的 7 门科目的成绩,求得并输出哪位同学哪门科目不及格,请全部输出每位同学各科成绩。要求:必须用指针加自定义函数的方式实现功能。

【程序分析】

【参考程序】

【运行结果】

④任意输入一段英文,统计其中英文单词的个数。要求:必须用指针加自定义函数的方式实现功能。

【程序分析】

【参考程序】

【运行结果】

(5) **实验拓展**

①有 n 个人围成一圈,顺序排号。从第一个人开始报数(从 1 到 3 报数),凡报到 3 的人退出圈子,问最后留下的是原来第几号的那位。要求:n 的值自己输入,必须用指针加自定义函数的方式实现功能。

②输入 10 个数值存入一维数组中,然后找出最大值和最大值所在的数组元素下标。要求:必须用指针和自定义函数来实现。

③任意输入一个正整数,要求转换为对应的二进制,并输出结果。要求:必须用指针和自定义函数来实现。

④完成一个字符串的复制,要求用字符指针和自定义函数实现。在主函数中输入任意字符串,并显示原字符串,调用该函数之后输出复制后的字符串。

⑤任意输入 n 个字符串,要求按照 ASCII 码的顺序,将字符串按照从 a-z 的顺序输出。要求:必须用指针和自定义函数来实现。

⑥任意输入一段英文,将其中所有的数字字符删除。要求:必须用指针和自定义函数来实现。

⑦任意输入 3 * 4 和 4 * 3 两个矩阵的所有值,计算出 2 个矩阵的乘积。要求:必须用指针和自定义函数来实现。

⑧输入一个班级 30 个同学,7 门科目的成绩,计算出每个同学的总分、平均分。要求输入功能、计算功能、输出功能等用指针和自定义函数来实现。

实验 **11**
结构体程序设计

(1) **实验目的**

①掌握结构体类型的基本概念和特点。
②掌握结构体类型的声明。
③掌握结构体类型变量的定义和使用。
④掌握结构体类型数组的定义和使用。
⑤掌握结构体类型指针的定义和使用。

(2) **实验要求**

①熟练运用结构体。
②熟练运用结构体数组。
③熟练运用结构体指针。
④编写程序实现简单功能。

(3) **实验实例**

1) 任意输入一个年月日,计算这天是该年的第几天。
【程序分析】
①一个日期的组成是由年、月、日 3 部分组成,所以可以使用一个结构体来表示。
②计算该天是该年的第几天,方法是计算前面整月的天数之和加上当月的的天数。
【参考程序】
```c
#include < stdio. h >

// 日期结构体的声明
struct date
{
    int year;
    int month;
```

```
        int day;
    };

    int main( )
    {
        struct date today;
        int i,sum =0;
        printf("输入年:");
        scanf("%d",&today. year);
        printf("输入月:");
        scanf("%d",&today. month);
        printf("输入日:");
        scanf("%d",&today. day);

        for(i =1;i < = today. month -1;i ++ )
        {
            if(i ==1 || i ==3 || i ==5 || i ==7 || i ==8 || i ==10)
                sum = sum +31;
            else if(i ==4 || i ==6 || i ==9 || i ==11)
                sum = sum +30;
            else if(i ==2)
                sum = sum +28;
        }

        if( ( today. year%4 == 0 && today. year%100！ = 0 || today. year%400 ==0) &&
today. month > =3)
                sum ++ ;

        sum = sum + today. day;
        printf("输出这天是该年的第%d 天",sum);

        return 0;
    }
```

【运行结果】如图 11-1 所示。

2)计算机教研室有 12 位教师,每位教师的数据包含工号、姓名、性别、学历等数据。声明一个结构体,再定义一个结构体数组用来存储教师的数据。再输入老师的工号,实现对某位老师数据的查询。

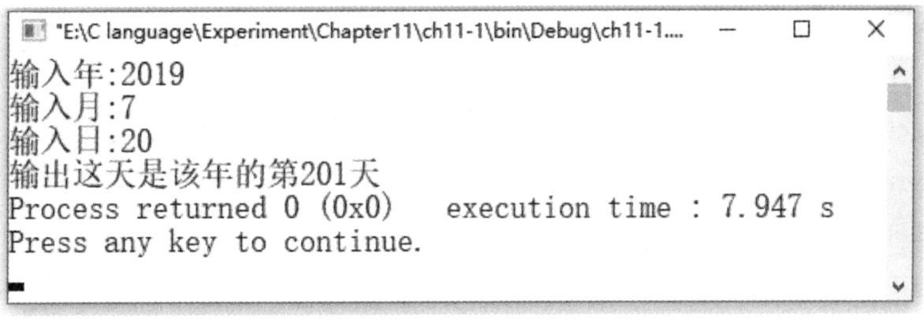

图 11-1　程序运行结果

【程序分析】

①工号、姓名、性别、学历等 4 个数据分别使用整型变量、字符数组来分别表示。

②把上述数据作为结构体的数据成员,然后定义一个结构体数组。

③输入所有老师的各项数据。

④再输入一个工号,把输入的工号和结构体数组中每位老师的工号依次比较,如果相等则输出该老师的所有信息,否则输出查无此人。

【参考程序】

方法 1:用结构体数组来实现。

```c
#include < stdio. h >

struct teacher
{
    int num;
    char name[9];
    char sex[3];
    char record[7];
}

int main( )
{
    struct teacher TEA[12];
    int i,search_num;

    for(i = 0;i < = 11;i ++ )
    {
        printf( "请输入第% d 位老师的个人信息\n",i + 1);
        printf( "输入工号:");
        scanf( "% d",&TEA[i]. num);
        getchar( ); //处理掉上述输入工号后的回车键,避免对下面的字符串输入产生影响
        printf( "输入姓名:");
```

```
        gets(TEA[i].name);
        printf("输入性别:");
        gets(TEA[i].sex);
        printf("输入学历:");
        gets(TEA[i].record);
    }

    printf("输入想要查询的工号:");
    scanf("%d",&search_num);

    for(i=0;i<=11;i++)
    {
        if(search_num==TEA[i].num)
        {
            printf("%-10s","工号");
            printf("%-10s","姓名");
            printf("%-10s","性别");
            printf("%-10s","学历");
            printf("\n");
            printf("%-10d",TEA[i].num);
            printf("%-10s",TEA[i].name);
            printf("%-10s",TEA[i].sex);
            printf("%-10s",TEA[i].record);
            break;  //查询到数据并且输出之后,循环提前结束
        }
    }

    if(i==12)
        printf("查无此人");
}
```

方法 2:用结构体指针和链表的方式实现。

```
#include<stdio.h>
#include<stdlib.h>

struct teacher
{
    int num;
    char name[9];
    char sex[3];
```

```
        char record[7];
        struct teacher * next;　//存储下一个数据的地址,用于节点之间的连接

    }


    int main( )
    {
        struct teacher * p, * q, * head;　//指针变量 p 用于遍历所有节点,指针变量 q 用于指
向 p 的前节点,指针遍历 head 用于存储所有数据的首地址
        int i,search_num;

        head = NULL;　//head 赋初始值为空地址

        for(i = 0;i < =5;i + + )　//只是单纯的表示循环次数
        {
            //利用 malloc 函数动态划分某个节点所需要的内存空间,让 p 指针变量指向其
所对应的存储空间
            p = (struct teacher * )malloc(sizeof(struct teacher));

            if(i = =0)
                head = q = p;
            else
            {
                q - > next = p;
                q = q - > next;　//完成此节点数据输入之后,q 指针变量指向当前 p 指针所
指向的节点
            }
            printf("请输入第%d 位老师的个人信息\n",i + 1);
            printf("输入工号:");
            scanf("%d",&p - > num);
            getchar( );　//处理掉上述输入工号后的回车键,避免对下面的字符串输入产生
影响
            printf("输入姓名:");
            gets(p - > name);
            printf("输入性别:");
            gets(p - > sex);
            printf("输入学历:");
            gets(p - > record);

            p - > next = NULL;　//每次输入的某个老师的数据当作现有数据的尾节点,所以
```

每个节点的 next 都赋值为 NULL 空地址

```
    }

        printf("输入想要查询的工号:");
        scanf("%d",&search_num);

        p = head;  //让 p 指针指向首节点
        for(i = 0;i < = 11;i + + )
        {
            if(search_num = = p - > num)
            {
                printf("% - 10s","工号");
                printf("% - 10s","姓名");
                printf("% - 10s","性别");
                printf("% - 10s","学历");
                printf("\n");
                printf("% - 10d",p - > num);
                printf("% - 10s",p - > name);
                printf("% - 10s",p - > sex);
                printf("% - 10s",p - > record);
                break;  //查询到数据并且输出之后,循环提前结束
            }

            p = p - > next;  //让 p 指向下一个节点
        }

    if(i = = 12)
        printf("查无此人");
}
```

【运行结果】如图 11-2 所示。

```
"E:\C language\Experiment\Chapter11\ch11-2\bin\Debug\ch11-2.exe"        —    □    ×
输入姓名:欧阳
输入性别:女
输入学历:研究生
输入想要查询的工号:16487502
工号        姓名        性别        学历
16487502  金钟罩    男          博士后
Process returned 0 (0x0)    execution time : 329.922 s
Press any key to continue.
```

图 11-2　程序运行结果

（4）实验内容

①编写程序，从键盘输入 n（$n < 10$）个学生的学号（学号为 4 位的整数，从 1000 开始）、C 语言程序设计的成绩并存入结构数组中，查找并输出成绩最高的学生信息。要求：必须用结构体来实现。

【程序分析】

【参考程序】

【运行结果】

②编写程序，从键盘输入 n（$n < 10$）个学生的学号（学号为 4 位的整数，从 1000 开始）、C 语言程序设计的成绩并存入结构数组中，按成绩从低到高排序并输出排序后的学生信息。

【程序分析】

【参考程序】

【运行结果】

③编写程序,从键盘输入 n 本书籍的基本信息(包括:书名、作者、ISBN、价格、出版社),完成书籍信息的录入、全部输出显示、查询。要求:必须用结构体和结构体指针来实现。

【程序分析】

【参考程序】

【运行结果】

④编写程序,从键盘输入 n 本书籍的基本信息(包括:书名、作者、ISBN、价格、出版社),完成书籍信息的录入、全部输出显示、查询、删除、修改。要求:每个功能用各自的自定义函数来实现,完成主菜单的设计,可以实现功能的选择,本程序要求必须用结构体和结构体指针来实现。

【程序分析】

【参考程序】

【运行结果】

(5)实验拓展

①设计一个学生基本信息结构体,其中成员包含学号、姓名、性别、出生日期、专业、班级、寝室。再定义一个结构体数组,完成某个班级的所有同学的基本信息的录入,全部显示,查询功能。

②设计某班级学生的成绩结构体,其中成员包含学号、C 语言程序设计的成绩、等级制成绩(优、良、中、及格、不及格)。实现输入所有学生学号和成绩功能、计算每位学生的对应等级制成绩功能,输出所有人的成绩功能,计算并输出 5 个等级所对应的学生百分比情况。

③设计某小餐馆的菜单结构体,其中成员包含菜名、价格、分类等 3 种信息。输入所有菜品的信息,输出所有菜品的信息,分类输出菜品的信息,按照菜品名称、价格或者分类进行查询,菜品的增加功能,菜品的删除功能。

④设计汽车票管理系统。一车站每天有 n 个发车班次,每个班次都有一班次号(1,2,3,…,n),固定的发车时间,固定的路线(起点和终点),大致的行车时间,固定的额定载客量。如下

班次	发车时间	起点	终点	行车时间	额定载量	剩余票数
1	7:00	永川	重庆	1.5	38	20
2	7:20	永川	重庆	1.5	38	22
3	7:30	永川	成都	3.5	38	12
4	7:40	永川	重庆	1.5	38	26

……

要求分别实现如下功能:

a.录入班次信息,可不定时地增加班次数据。

b.浏览班次信息。

c.查询车次信息:可按班次查询,也可以按照终点查询。

d.售票和退票功能。

e.实现数据的保存和读取。

f.采用菜单界面进行设计功能选择和操作。

g.学生可以自行增加新功能模块。

实验 **12**
文件程序设计

(1) 实验目的

①掌握文件和文件系统的基本概念。

②理解文本文件和二进制文件的区别。

③理解 FILE *fp 文件指针。

④掌握文件建立、打开、关闭、文件读写、文件错误检测等的系统标准函数的使用方法。

⑤掌握缓冲文件系统进行简单文件处理的方法和技巧。

⑥熟悉文件操作中常用标准库函数的使用方法。

(2) 实验要求

①学会综合运用结构体数组和文件编程。

②学会灵活运用随机读写对文件中的特定数据进行操作。

(3) 实验实例

1) 将 10 个学生记录输入文件 d:\stu1 中,然后从文件中读取显示。

【程序分析】

①输入:建立学生结构体数组,对学生信息进行输入。

②处理:先用结构体数组保存输入的学生信息,然后用 fopen 打开文件,把结构体数组里面的内容写入文件 stu1 中,并关闭文件,保存数据。

③输出:使用 fopen 打开文件,使用循环一次读取出每个同学的信息保存在结构体变量 stu 中,并把该学生的信息输出显示。

【参考程序】

```
#include  < stdio. h >
#include  < stdlib. h >
#pragma warning(disable:4996)     //关闭 VS 警告,只对当前文件有效(对于. h,对包含它
的 cpp 也是有效的),而不是对整个工程的所有文件有效
#define ST struct student          //宏定义,ST 替换成 struct student
```

```
#define N 10
ST                                  //学生结构体定义
{
    char ban[6];
    long num;
    char name[20];
    int math,eng,comp;
}a[N], stu;                         //定义结构体数组 a 和结构体变量 stu
int main()
{
    int i;
    FILE *fp;                       //定义文件指针 fp
    fp = fopen("stu1. txt", "w + ");   //读写的方式打开文件 stu1,如果 stu1 不存在,
则在项目文件里自动创建
    if (fp == NULL)                 //文件打开失败时条件为真
    {
        printf("\n\n\t\t 文件无法建立。\n");
        exit(0);                    //退出函数,包含在头文件 stdlib 中
    }
    for (i = 0; i < N; i ++ )        //循环输入 N 个同学的信息
    {
        printf("\n 请输入第%d 学生所在班级:", i + 1);   scanf("%s", a[i].ban);
        printf("\n 请输入第%d 学生学号:",i + 1);        scanf("%ld", &a[i].num);
        printf("\n 请输入第%d 学生姓名:",i + 1);        scanf("%s", a[i].name);
        printf("\n 请输入第%d 学生数学成绩:", i + 1);scanf("%d", &a[i].math);
        printf("\n 请输入第%d 学生英语成绩:", i + 1);scanf("%d", &a[i].eng);
        printf("\n 请输入第%d 学生计算机成绩:", i + 1);scanf("%d", &a[i].comp);
    }
    if (fwrite(a, sizeof(ST), N, fp) ! = N)      //把输入的 N 个学生信息写入文件中
    {
        printf("文件不能写入数据,请检查后重新运行. \n"); exit(1);
    }
    fclose(fp);                     //关闭文件
    fp = fopen("stu1. txt", "r + ");   //写读的方式打开文件 stu1,如果 stu1 不存在,则
报错
    if (fp ! = NULL)                //读取成功
    {
        printf("\n\t    班级      学号      姓名      数学      英语      计算机 \n");
        for (i = 0; i < N; i ++ )
```

```
            {
                if (fread(&stu, sizeof(ST), 1, fp) == 1)      //把文件里每个同学的信息
循环读取后存放在结构体变量 stu 中
                    printf("\t%8s%10ld%8s%8d%8d%8d\n",
                        stu.ban, stu.num, stu.name, stu.math, stu.eng, stu.comp);      //
按指定格式输出每位同学的信息
                else
                {
                    printf("文件不能读取数据,请检查后重新运行.\n");
                    exit(0);
                }
            }
        }
        else
        {
            printf("文件无法打开\n");
            exit(0);
        }
        fclose(fp);      //关闭文件
        return 0;
}
```

【运行结果】如图 12-1 所示。

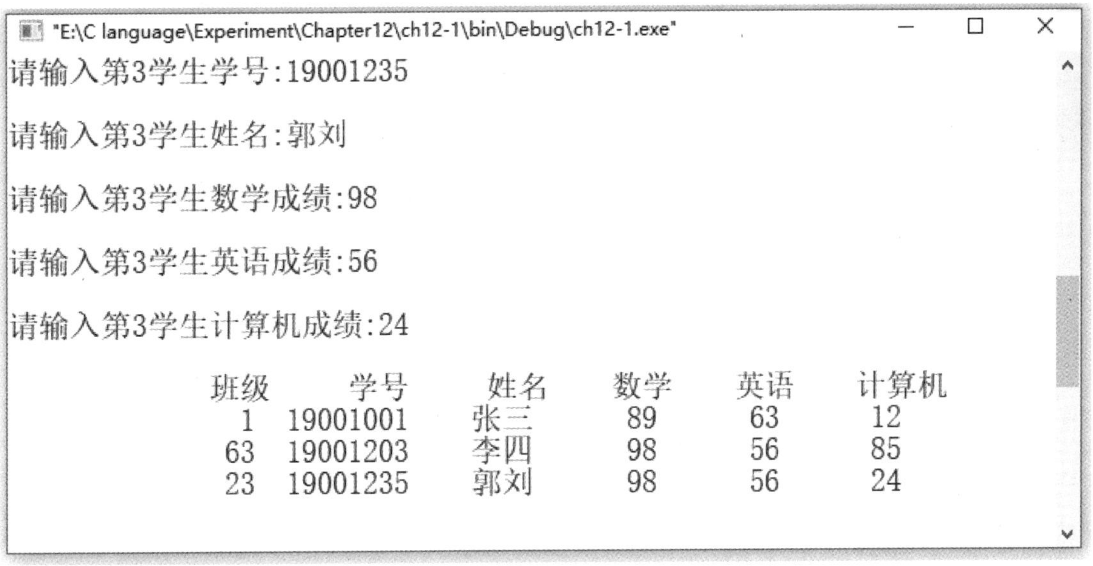

图 12-1　程序运行结果

2) 文件 S1. txt 中的大小字母互换,并把结果保存到 S2. txt 文件中。

117

【程序分析】

①打开文件 S1、S2。注意打开的方式,如果采用 r 只读方式打开,文件就必须先要在相应位置上存在,这种方式不会把文件里的内容修改;如果采用 w 只写方式打开,文件不存在时,系统会自动创建,这种方式会把文件之前的内容清除。

②通过 ASCII 值的变换来实现字母大小写互换,小写变成大写的公式为:ch = ch − 'a' + 'A',大写变成小写的公式为:ch = ch − 'A' + 'a'。

③关闭文件。

【参考程序】

```c
#include < stdio. h >
#include < stdlib. h >
#include < string. h >
int main( )
{
    FILE  * fp1 ,  * fp2 ;
    char ch ;
    fp1 = fopen("S1. txt", "r") ;    //以读写的方式打开文件,如果 S1 文件在项目中不存在,编译时会报错
    fp2 = fopen("S2. txt", "w + ") ;    //以写读的方式打开文件
    if (fp1 == NULL || fp2 == NULL) //其中一个文件打开失败就结束程序
    {
        printf("\t\t 文件无法打开或建立。\n") ;
        exit(0) ;
    }
    while ((ch = fgetc(fp1)) ! = EOF) //EOF 是文件结尾标志
    {
        if (ch > = 'a'&&ch < = 'z')
        {
            ch = ch − 'a' + 'A'; //通过 ASCII 值的变换,把小写字母换成大写字母
        }
        else if (ch > = 'A'&&ch < = 'Z')
        {
            ch = ch − 'A' + 'a';    //通过 ASCII 值的变换,把大写字母换成小写字母
        }
        fputc(ch, fp2) ;
    }
    fclose(fp1) ;        //关闭程序
    fclose(fp2) ;
    return 0 ;
}
```

【运行结果】如图 12-2、图 12-3 所示。

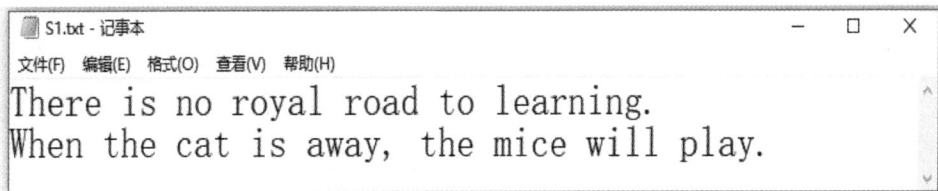

图 12-2　S1 文件内容

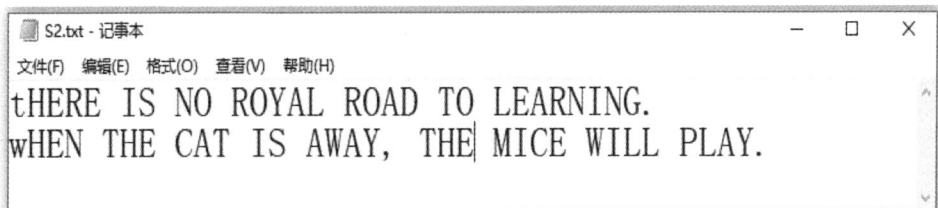

图 12-3　S2 文件内容

(4)实验内容

①从键盘输入一些字符,逐个把它们存入磁盘文件 test. txt 中,直到输入一个#为止。

【程序分析】

【程序设计】

【运行结果】

②建立一个文件"emploee. dat",用来存放 10 名职工的信息,每个职工的信息包括:编号、姓名、性别、年龄、工资。

【程序分析】

【程序设计】

【运行结果】

③从实验内容第 2 题建立的"emploee. dat"文件中读出职工信息,并输出到显示器上,然后将姓名和工资信息提取出来,另建一个工资文件"wage. dat"保存此信息。

【程序分析】

【程序设计】

【运行结果】

④对实验内容第 2 题建立的文件"emploee. dat"进行以下操作,输入一个 1—10 的整数 n,然后用随机读写将文件中第 n 个职工的信息读取出来,并输出到显示器上。

【程序分析】

【程序设计】

【运行结果】

(5)实验拓展

①有两个磁盘文件 a. dat 和 b. dat,要求产生一个新的文件 c. dat,将 b. dat 中的数据追加到 a. dat 后面,并存入到 c. dat 中。

②编程统计 C 盘 Mydir 文件夹中文本文件 data. txt 中字符'$'出现的次数,并将统计结果

写入文本文件 C:\Mydir\res. txt 中。

③读入一个文件,输出其中最长的一行的行号和内容。

④编写程序将全班同学的姓名、地址和电话号码写到一个文件 class. dat 中。

⑤为丰富同学们的业余文化生活,某高校学生会创办了 3 个兴趣小组(以下称 A 组,B 组,C 组)。每个小组的学生名单分别在【A. txt】,【B. txt】和【C. txt】中。每个文件中存储的是学生的学号。由于工作需要,我们现在想知道:既参加了 A 组,又参加了 B 组,但是没有参加 C 组的同学一共有多少人?

〜〜〜〜〜〜〜〜〜〜〜〜〜〜〜〜〜〜〜〜〜〜〜〜〜〜〜〜〜〜〜〜〜〜〜

附录 A　初学者常见 C 语言编程错误及解决方法

问题 1. 中文符号	编写程序时,一些符号写成了中文符号

问题实例	`int main( )`
	`{`
	`    int a = 5;`
	`    printf(" % d" ,a);`
	`    return 0;`
	`}`

环境提示	(1)error: stray '\243' in program (2)error: stray '\273' in program (3)error: expected ',' or ';' before 'printf'
问题解析	程序中是不识别任何中文字符的(除了注释),当程序中出现中文字符时,英文环境会出现"stray"单词,中文环境会出现"游离"两字。
解决方案	解决方法:替换功能;查找输入中文的分号,替换输入英文的分号。
问题 2. 标识符	书写时,忽略了大小写字母的区别。

问题实例	`int main( )`
	`{`
	`int a = 5;`
	`printf(" % d" ,A);`
	`return 0;`
	`}`

续表

环境提示	error：'A' undeclared（first use in this function）
问题解析	标识符中的字母区分大小写，一般建议符号常量大写，变量等小写。
解决方案	保证大写键不被按下，尽量避免中英文之间切换。
问题3.　常量	将字符常量与字符串常量混淆。

问题实例	int main( )
	{
	char c；
	c = " a"；
	return 0；
	}

环境提示	warning：assignment makes integer from pointer without a cast［-Wint-conversion］ 编译会通过，但是输出结果有问题。
问题解析	在这里就混淆了字符常量与字符串常量，字符常量是由一对单引号括起来的单个字符，字符串常量是一对双引号括起来的字符序列。C 语言规定以" \0"作字符串结束标志，它是由系统自动加上的，所以字符串"a"实际上包含两个字符：'a'和'\0'，而把它赋给一个字符变量是不行的。
解决方案	c = 'a'
问题4.　变量	忽略了变量的类型，进行了不合法的运算。

问题实例	int main( )
	{
	float a,b；
	printf(" % d" ,a% b)；
	return 0；
	}

环境提示	error：invalid operands to binary %（have 'float' and 'float'）
问题解析	%是求余运算，得到 a/b 的整余数。整型变量 a 和 b 可以进行求余运算，而实型变量则不允许进行"求余"运算。
解决方案	int a,b
问题5.　变量	变量未定义就使用

问题实例	```int main( )
	{
	x = 3;
	y = x;
	return 0;
	}```

环境提示	(1)error：'x' undeclared（first use in this function） (2)error：'y' undeclared（first use in this function）
问题解析	所有的变量必须先定义后使用。

解决方案	```int main( )
	{
	int x,y;
	x = 3;
	y = x;
	return 0;
	}```

问题6. 变量	变量没有赋值就直接使用

问题实例	```int main( )
	{
	int x,y;
	y = x + 5;
	printf("% d",y);
	return 0;
	}```

环境提示	warning：'x' is used uninitialized in this function［ – Wuninitialized］
问题解析	编译会通过,由于 x 是随机值,得不到想要的结果。
解决方案	一定要赋初值,先定义,再给初值,后使用。x = 10;
问题7. 变量	混淆了字符和字符串的表示形式。
问题实例	```char sex; sex = " M";```
环境提示	(1)warning：assignment makes integer from pointer without a cast［ – Wint – conversion］ (2)warning：variable 'sex' set but not used［ – Wunused – but – set – variable］

125

续表

问题解析	由于 sex 是字符变量,只能存放一个字符,用单引号括起来的是字符常量,才能赋值给一个字符型变量,而用双引号括起来的是字符串常量,它包括两个字符" M" 和" \0",无法存放到字符变量中。
解决方案	char sex; sex = 'M';
问题 8. 运算符	忽略了" = " 与" = = "的区别。
问题实例	if (a = 3) a = b;

环境提示	这种写法对于 C 语言来说,并未违反规则,所以不会给出任何错误和警告提示。可以采用解决方案中提出来的方法改进,这样当再次把等号写成赋值符号时会有错误提示。
	 int a = 3,b = 5;
	 if (3 = a)
	 a = b;
	 如下所示:
	 error: lvalue required as left operand of assignment

问题解析	C 语言中," = "是赋值运算符," = ="是关系运算符。如:if(a = = 3) a = b;前者是进行比较,a 是否和 3 相等,后者表示如果 a 和 3 相等,把 b 值赋给 a。由于习惯问题,初学者往往会犯这样的错误。
解决方案	如果是常数与变量比较时,写成 3 = = a,而不是 a = = 3,这样即使写成 3 = a,编译器会报错,否则 a = 3 是不会报错的。
问题 9. 数据类型	没有注意数据的数值范围。
问题实例	char x; x = 300;
环境提示	warning: overflow in implicit constant conversion [- Woverflow] 有警告未有错误。
问题解析	有符号的字符变量的数值范围为 - 128 ~ 127,有符号的整型变量的数值范围为 - 32758 ~ 32767,等等。 300 的二进制为 0b100101100,赋值给 x 时,将赋值最后的 8 位,高位截去,因此 x 的值实际上为 00101100(即整数 44)。
解决方案	给变量定义类型前,考虑清楚使用的数值范围。
问题 10. 数据类型	int 型数据的数值范围。

问题实例	一般程序对 int 整型数值分配两个字节,因此一个整数范围为 32768～32767。例如:
	short int num;
	num = 89101;
	printf("%d",num);

环境提示	warning: overflow in implicit constant conversion〔-Woverflow〕
问题解析	输出值不是 891011 其原因是 num 值已超出 short int 数值范围,为此可以采用 long 型
解决方案	int num; num = 89101; printf("%d",num); /＊不能用%d 输出,否则仍出错＊/
问题 11. 优先级	表达式求的值不同。
问题实例	a = b < < 2 + b;
环境提示	这是程序员的一厢情愿,不会给出错误和警告提示。
问题解析	因为"＜＜"和"＞＞"相当于乘除 2^N,所以容易误认为它们的优先级高于加减运算。
解决方案	当无法确定优先级谁高谁低时,自己加括号来解决。
问题 12. 分号	忘记加分号。
问题实例	a = 1 b = 2
环境提示	(1)error: expected ';' before 'b' (2)warning: unused variable 'b'〔-Wunused-variable〕 (3)warning: variable 'a' set but not used〔-Wunused-but-set-variable〕
问题解析	分号是 C 语句中不可缺少的一部分,语句末尾必须有分号。 编译时,编译程序在"a = 1"后面没发现分号,就把下一行"b = 2"也作为上一行语句的一部分,这就会出现语法错误。改错时,有时在被指出有错的一行中未发现错误,就需要看一下上一行是否漏掉了分号。

解决方案	int main( )
	{
	z = x + y;
	t = z/100;
	printf("%f",t);
	return 0;
	}
	一般情况下,如果没有加";",后面的语句会自动缩进,一看就知道。

续表

问题 13. 分号	多加分号。
问题实例	（1） \{ z = x + y； t = z/100； printf（"% f"，t）； return 0； \}； （2） if（a%3 ==0）； i ++； （3） for（i =0；i <5；i ++）； \{ scanf（"% d"，&x）； printf（"% d"，x）； \} （4） while（）；
环境提示	这种也不会给出提示，程序会进入一种你意想不到的境地。
问题解析	（1）是一个复合语句，复合语句的花括号后不应再加分号，否则将会画蛇添足。 （2）本题如果 3 整除 a，则 i 加 1。但由于 if（a%3 ==0）后多加了分号，则 if 语句到此结束，程序将执行 i ++ 语句，不论 3 是否整除 a，i 都将自动加 1。 （3）本意是先后输入 5 个数，每输入一个数后再将它输出。由于 for（）后多加了一个分号，使循环体变为空语句，此时只能输入一个数并输出它。
解决方案	注意独生子女规则，写完 for、while 后，直接写" \{\} "。
问题 14. 输入输出	printf（）和 scanf（）中类型不匹配。
问题实例	如果格式字串中说明的变量类型与后面的参数列表不一致，printf（）将导致输出结果混乱，scanf（）有可能导致程序执行结果不稳定，甚至导致非法操作。
问题解析	初学者或许会以为类型不一致也无所谓，因为 C 语言可以自动进行类型转换。这种想法是错误的。 类型转换是在编译时已知原类型和所需类型时由编译器产生代码来完成的。
解决方案	牢记数据类型对应的格式占位符。

问题 15. scanf	输入变量时忘记加地址运算符"&"。
问题实例	int a,b; scanf("%d%d",a,b);
环境提示	(1)warning:format '%d' expects argument of type 'int ∗', but argument 2 has type 'int'〔−Wformat=〕 (2)warning:format '%d' expects argument of type 'int ∗', but argument 3 has type 'int'〔−Wformat=〕 (3)warning:'a' is used uninitialized in this function〔−Wuninitialized〕 (4)warning:'b' is used uninitialized in this function〔−Wuninitialized〕 并不是给出的错误提示,也可以看出,程序其实把 a、b 当成了指针来处理。
问题解析	scanf 函数的作用是:按照 a、b 在内存中的地址将 a、b 的值存进去。"&a"指 a 在内存中的地址。
解决方案	scanf 就像一个快递员,需要知道地址才能送货。这种错误一般编译器都会有错误提示。
问题 16. scanf	输入数据的方式与要求不符。
问题实例	(1)scanf("%d%d",&a,&b); 输入时,不能用逗号作两个数据间的分隔符,如下面输入不合法:3,4 输入数据时,在两个数据之间以一个或多个空格间隔,也可用回车键,跳格键 tab。 (2)scanf("%d,%d",&a,&b); 下面输入是合法的:3,4 此时不用逗号而用空格或其他字符是不对的。如:3 4、3:4 又如:scanf("a=%d,b=%d",&a,&b);输入应如以下形式:a=3、b=4
环境提示	这种会影响读数据,导致程序结果不符合预期。
问题解析	C 语言规定:如果在"格式控制"字符串中除了格式说明以外还有其他字符,则在输入数据时应输入与这些字符相同的字符。
解决方案	除了依靠编译器提示,可以尽可能简化 scanf 中的输入内容。
问题 17. scanf	输入字符的格式与要求不一致。
问题实例	scanf("%c%c%c",&c1,&c2,&c3); 如输入 a、b、c 字符"a"送给 c1,字符" "送给 c2,字符"b"送给 c3,因为%c 只要求读入一个字符,后面不需要用空格作为两个字符的间隔。
环境提示	这种会影响读数据,导致程序结果不符合预期。
问题解析	在用"%c"格式输入字符时,"空格字符"和"转义字符"都作为有效字符输入。
解决方案	尽量不要使用 scanf 来单个输入字符,输入字符时使用 getchar( )、getch( )。

续表

问题 18. scanf	输入数据时,企图规定精度。		
问题实例	scanf("%7.2f",&a); scanf("%3d",&b);		
环境提示	(1)warning: unknown conversion type character '.' in format [- Wformat =] (2)warning: too many arguments for format [- Wformat - extra - args]		
问题解析	浮点型输入数据时不能规定精度。整型规定了宽度之后,很容易导致数据读入有误。		
解决方案	能简则简。		
问题 19. printf	输入输出的数据类型与所用格式说明符不一致。		

问题实例	a 已定义为整型,b 定义为实型
	 a = 3;b = 4.5;
	 printf("%f%d\n",a,b);
	 运行结果:0.000000 1074921472
	 这个结果跟系统和编译环境有关系。		

环境提示	(1)warning: format '%f' expects argument of type 'double', but argument 2 has type 'int' [- Wformat =] (2)warning: format '%d' expects argument of type 'int', but argument 3 has type 'double' [- Wformat =]		
问题解析	编译时不给出出错信息,但运行结果将与意愿不符。这种错误尤其需要注意。		
解决方案	准确记住数据类型对应的格式占位符。		
问题 20. 运算符	单目运算符中 &、++、-- 等几个运算符只能用于变量,不可用于常量或表达式。		
问题实例	(x + y) ++ ; &5;		
环境提示	(1)error: lvalue required as increment operand (2)error: lvalue required as unary '&' operand		
问题解析	自增自减,是要改变本身,常量和表达式无法做到这一点。		
解决方案	跟变量。		
问题 21. if - else	使用 if、else 错误。		

问题实例	if(score > 60)
	
	if(score > 90)
	
	str = "优秀";
	
	else
	
	str = "不及格";
	
	如果 score = 70,那么运行的结果 str 应该是"不及格"。

环境提示	warning: suggest explicit braces to avoid ambiguous 'else' [−Wparentheses]
问题解析	这就是 else 与 if 的配对出现错误,因为 else 总是找与它最近且还未配对的 if。就跟 score > 90 的 if 组合在一起,就打乱了程序的结构。

解决方案	用花括号括起后面的控制语句。
	
	if(score > 60)
	
	{
	
	if(score > 90)
	
	{
	
	str = "优秀";
	
	}
	
	}
	
	else
	
	{
	
	str = "不及格";
	
	}

问题 22. switch	switch 语句中漏写 break 语句。

问题实例	例如:根据考试成绩的等级打印出百分制数段。
	
	switch(grade)
	
	{
	
	case 'A':
	
	printf("85 ~ 100\n");
	
	case 'B':
	
	printf("70 ~ 84\n");
	
	case 'C':
	
	printf("60 ~ 69\n");
	
	case 'D':
	
	printf(" <60\n");
	
	default:
	
	printf("error\n");

续表

环境提示	不会有提示,但是会影响结果。	
问题解析	由于漏写了 break 语句,case 只起标号的作用,而不起判断作用。因此,当 grade 值为 A 时,printf 函数在执行完第一个语句后接着执行第二、三、四、五个 printf 函数语句。	
解决方案	应在每个分支后再加上" break;"。 例如:case 'A':printf("85 ~ 100\n");break;	
问题 23. while/do-while	忽视了 while 和 do-while 语句在细节上的区别。	

问题实例	(1)
	int main( )
	{
	int a = 0,i;
	scanf("% d" ,&i);
	while(i < = 10)
	{
	a = a + i;
	i + + ;
	}
	printf("% d" ,a);
	return 0;
	}
		(2)
		int main( )
		{
		int a = 0,I;
		scanf("% d" ,&I);
		do
		{
		a = a + I;
		I + + ;
		}while(I < = 10);
		printf("% d" ,a);
		return 0;
		}

问题解析	当输入 I 的值小于或等于 10 时,二者得到的结果相同。而当 I > 10 时,二者结果就不同了。因为 while 循环是先判断后执行,而 do-while 循环是先执行后判断。对于大于 10 的数 while 循环一次也不执行循环体,而 do-while 语句则要执行一次循环体。	
解决方案	根据问题具体分析,还要注意 do-while 之后有分号。	
问题 24. 控制结构	控制语句,未满足独生子女规则。	

问题实例	unsigned char i = 1;
	unsignes int sum = 0;
	while(i < = 100)
	sum = sum + i;
	i + + ;	

问题解析	While 的控制语句只有一条,包括复合语句,程序本身想要控制接下来的两句,由于循环语句中漏掉了大括号,使循环变成了死循环而不是求累加。	

续表

解决方案	while(i < = 100)
	{
	sum = sum + i;
	i + + ;
	}

问题 25. for 循环	for 语句里面用了逗号。
问题实例	for(int i = 1,i < = 5,i + +)
环境提示	(1)warning：right-hand operand of comma expression has no effect〔 - Wunused - value〕 (2)error：expected ';' before ')' token (3)error：expected expression before ')' token
问题解析	for 语句中的表达式之间的分割符号是分号,不是逗号。
解决方案	把","换成";"。
问题 26. 数组	括号不配对。
问题实例	while((c = getchar( )！ = '#') putchar(c);
环境提示	(1)error：expected ')' before 'putchar' (2)error：expected expression before '}' token
问题解析	当一个语句中使用多层括号时常出现这类错误,纯属粗心所致。上例少了一个括号。
解决方案	当一个表达式中括号比较多时,可以借助编译器,点击括号,看看有无配对的括号显示。
问题 27. 数组	定义数组时误用变量。
问题实例	int n; scanf("% d" ,&n); int a[n];
问题解析	数组名后用方括号括起来的是常量表达式,可以包括常量和符号常量。即 C 语言不允许对数组的大小作动态定义。
解决方案	数组的范围一定是一个准确值。
问题 28. 数组	在定义数组时,将定义的"元素个数"误认为是可使的最大下标值。
问题实例	static int a[10] = {1,2,3,4,5,6,7,8,9,10}; printf("% d" ,a[10]);
问题解析	该数组中无 10 这个下标,从 0 开始到 9 结束。

续表

解决方案	搞清数组的下标可以的取值范围。
问题 29. 数组	在不应加地址运算符 & 的位置加了地址运算符。
问题实例	char str[50]; scanf("%s",&str);
问题解析	str 是数组名,是一个假想的指针,本身就是一个地址。
解决方案	scanf("%s",str);
问题 30. 数组	不能企图通过数组名实现对数组整体引用与访问。
问题实例	int a[10] = {1,2,3,4}; printf("%d",a);
问题解析	只能逐个引用与访问数组的元素,通常用循环实现。

解决方案	int a[10],i;
	 for(i=0;i<10;i++)
	 scanf("%d",&a[i]);

问题 31. 数组	对数组名使用自增自减来改变地址。
问题实例	int a[10]; a++;
环境提示	error: lvalue required as increment operand
问题解析	数组名表示数组的首地址,是地址常量,不可自增自减。
解决方案	曲线救国,定义一个基类型相同的指针变量,int * p = a;,由 p 进行自增自减。
问题 32. 数组	数组的下标从零开始。

问题实例	int i, a[10];
	 for (i = 1; i <= 10; i++)
	 a[i] = 0;

问题解析	C 语言中,一个具有 n 个元素的数组中没有下标为 n 的元素,元素的下标是从 0 到 n-1。

解决方案	int i, a[10];
	 for (i = 0; i < 10; i++)
	 a[i] = 0;

问题 33. 数组	数组元素的括号用小括号。

问题实例	int a(10);
环境提示	error：expected declaration specifiers or '…' before numeric constant
问题解析	数组元素的括号是中括号。
解决方案	将"()"改为"[]"。
问题34. 数组	误以为数组名代表数组中全部元素。
问题实例	int a[4] = {1,3,5,7}; printf("%d%d%d%d\n",a);
环境提示	(1)warning：format '%d' expects argument of type 'int', but argument 2 has type 'int ∗' [−Wformat=] (2)warning：format '%d' expects a matching 'int' argument [−Wformat=]
问题解析	数组名是地址,指向数组的首元素地址,不代表具体的元素。
解决方案	用循环依次遍历输出。
问题35. 数组	对二维或多维数组定义和引用方法不对。
问题实例	int a[4,5]; …… print("%d",a[1+2,2+2]); ……
环境提示	(1)error：expected ']' before ',' token (2)warning：implicit declaration of function 'print' [−Wimplicit−function−declaration] (3)error：'a' undeclared (first use in this function)
问题解析	方括号中[1+2,2+2]是逗号表达式。其值为4,因此方括号中实际为4,即 a 数组第4行的首地址,因此 printf 输出不是 a[3][4]值而是 a[4]的首地址。
解决方案	int a[4][5];使用时用 a[1+2][2+2]。
问题36. 函数	同时定义了形参和函数中的局部变量。

问题实例	int max(x,y)
	int x,y,z;
	{
	z=x>y? x:y;
	return(z);
	}

问题解析	形参应该在函数体外定义,而局部变量应该在函数体内定义。

续表

解决方案	int max(x,y)
	int x,y;
	{
	int z;
	z = x > y? x:y;
	return(z);
	}

问题 37. 函数	形参与对应实参,数据类型匹配不一致。

问题实例	void fun(int a,int * b)
	{
	……
	}
	int main( )
	{
	……
	int x,y;
	fun(x,y);
	……
	return 0;
	}

问题解析	因为第二个实参是整型,而第二个形参是指针类型,应在 y 前面加 & 符。
解决方案	应在 y 前面加 & 符号。
问题 38. 函数	形参只能是变量,不可以为常量或表达式。
问题实例	void fun(a + 1,b)
问题解析	由实参向形参赋值,实参在赋值运算符的右边,形参在赋值运算符的左边,那赋值运算符的左边是不能为表达式和常量的。
解决方案	形参不能是表达式和常量。
问题 39. 函数	函数调用时,不要对实参进行说明,应在调用前进行说明和初始化。

问题实例	int main( )
	
	{
	
	……
	
	int x,y;
	
	fun(x,y) ;
	
	……
	
	return 0;
	
	}	

问题解析	自定义函数如变量一样,也需要先声明定义,后使用,且还要放在主调函数之前。	

解决方案	(1)
	void fun(int a , int b)
	
	{
	
	……
	
	}
	
	int main( )
	
	{
	
	……
	
	int x,y;
	
	fun(x,y) ;
	
	……
	
	return 0;
	
	}
		(2)
		void fun(int,int) ;
		
		int main( )
		
		{
		
		……
		
		int x,y;
		
		fun(x,y) ;
		
		……
		
		return 0;
		
		}
		
		void fun(int a , int b)
		
		{
		
		……
		
		}

问题 40. 函数	函数无返回值时,类型为 void,如省略类型,则为 int 型。	

问题实例	fun(int a , int b)
	
	{
	
	……
	
	}	

问题解析	无 return 语句,则应在函数名前加上 void。	

解决方案	void fun(int a , int b)
	
	{
	
	……
	
	}	

续表

问题 41. 函数	函数类型与返回值类型应不一致。

问题实例	float fun(int a)
	{
	int b；
	……
	return b；
	}

问题解析	函数名前面的数据类型,就是自定义函数 return 后面变量或表达式的数据对应的类型。

解决方案	int fun(int a)
	{
	int b；
	……
	return b；
	}

问题 42. 函数	当函数的返回值为指针类型时,定义的函数也应该为指针类型。

问题实例	char fun(char ∗ p) {
	char ∗ q；
	……
	return q；
	}

问题解析	返回的是指针类型,那么函数的类型也应该是指针类型,跟问题 40 是一样的,只不过换成了指针。

解决方案	char ∗ fun(char ∗ p) {
	char ∗ q；
	……
	return q；
	}

问题 43. 函数	误认为形参值的改变会影响实参的值。

续表

问题实例	```int swap(int x,int y)\n{\nint z;\nz = x;\nx = y;\ny = z;\n}\nint main( )\n{\nint x = 3,y = 4;\nswap(x,y);\nprintf("% d,% d",x,y);\nreturn 0;\n}```
问题解析	自定义函数是在被调用时,才在内存中开辟一个独立的空间,当调用结束之后,该空间销毁,此模块中的数据不会保存下来。
解决方案	要想自定义函数中的值反馈回来,一种解决方案就是用 return,但是这种只适合返回单值;另一种解决方案就是函数实参与形参之间传递的是指针。
问题44. 指针	指针变量不能指向不同基类型的数据。
问题实例	float b; int ∗ p = &b;
环境提示	(1)warning:initialization from incompatible pointer type〔 – Wincompatible – pointer – types〕 (2)warning:unused variable 'p'〔 – Wunused – variable〕
问题解析	指针 p 基类型为整型,不得指向浮点型数据。
解决方案	int b; int ∗ p = &b; 或者:float b; float ∗ p = &b;
问题45. 指针	指针变量只能接受地址值,不可接受数值型数据。
问题实例	int a, ∗ p; p = 5;

续表

环境提示	（1）warning：assignment makes pointer from integer without a cast［ － Wint － conversion］ （2）warning：variable 'p' set but not used［ － Wunused － but － set － variable］ （3）warning：unused variable 'a'［ － Wunused － variable］
问题解析	指针变量是一种在内存中存放地址的特殊变量,不接受普通量的赋值。
解决方案	p = &a;
问题 46. 指针	通过指针变量给某变量赋值时,不得加 & 符。
问题实例	int a, * p = &a; scanf("% d" ,&p);
问题解析	p 是指针,对应的内存中要存放的地址,再加取值符号后,相当于往对应的内存中存放一个普通变量,类型不一致。
解决方案	scanf("% d" ,p);
问题 47. 指针	指针变量只定义不初始化,否则出现野指针。
问题实例	int * p; * p = 20;
问题解析	指针也是变量,也要遵循使用前先赋初值的原则,否则使用当前系统和编译环境下给的随机值,这样指针 p 不确定指向哪段内存。 普通变量不赋初值可能也会导致结果出问题,指针变量不赋初值就使用,可能会导致系统崩溃。
解决方案	拒绝野指针出现,认真执行变量的使用规则。
问题 48. 指针	比较两个指针。

问题实例	char s［80］, y［80］;
	char * p1, * p2;
	p1 = s;
	p2 = y;
	if(p1 < p2)
	……

问题解析	指针中存放的是地址,这两个地址除非指向的是同一个内容,比如相同数组的不同元素,否则比较起来没有任何意义。 利用指针最终是为了访问对应的内容。
解决方案	if(* p1 < * p2)
问题 49. 指针	对于利用指针输出字符串时,输出项应是指针名,而不是 * 指针名。

问题实例	char ＊p = " china " ; printf("％s" , ＊p) ;
环境提示	warning：format '％s' expects argument of type 'char ＊', but argument 2 has type 'int'〔 – Wformat = 〕
问题解析	Printf 输出变量时,后面参数就是变量本身,对于％s 的来说,这是要输出字符串(字符串的存储时放置到数组中的),后面的参数需要一个地址时,可以是数组名,也可以是被赋了初值的指针变量。
解决方案	printf("％s" ,p) ;
问题 50. 指针	忽略了行指针与列指针的区别,对于二维数组,要使用指针访问二维数组的元素时。
问题实例	要输出第 0 行的 4 个元素 int a〔3〕〔4〕,(＊p)〔4〕= a ,j; for(j = 0;j < 4;j + +) printf("％d" , ＊(p + j)) ;
问题解析	此时的指针 p 是一个二级指针,p 对应的是数组名, ＊p 对应的则是一级指针,在这个二维数组中,可以对应每一行的首地址。要想访问到数组中的具体每一个元素,可以使用＊p + j,此时得到对应元素的地址,要取到具体的元素,需要再加入一个指针符号。
解决方案	printf("％d" , ＊(＊p + j)) ;
问题 51. 指针	混淆字符数组与字符指针的区别。
问题实例	char str〔10〕; str = "ICCAVR"; printf("％s\n",str) ;
环境提示	error：assignment to expression with array type
问题解析	str〔10〕是一个数组,str 代表数组名,是一个常量,不能被赋值,可将 str 改为指针变量,将字符串"ICCAVR"的首地址赋值给指针变量 str,然后在 printf 函数中输出字符串。
解决方案	char ＊str; str = "ICCAVR"; printf("％s\n",str) ;
问题 52. 指针	混淆数组与指针变量的区别。
问题实例	int i,a〔5〕; for(i = 0; i < 5;i + +) scanf("％d",a + +) ;

续表

环境提示	error：lvalue required as increment operand
问题解析	设计者意图通过 a = ++ 的操作，引用 a 数组的不同元素。由于 C 语言中限定数组名代表数组的首地址，它的值是一个常量，因此用 a ++ 是错误的，改为用指针变量来实现。
解决方案	int i,a[5]； int * p = a； for(i = 0；i < 5；i ++) scanf("% d",p ++)；
问题 53. 结构体	当结构体成员为数组名时，从键盘给成员赋值时，不得加 & 符。
问题实例	struct { char xm[20]； int cj； }s； scanf("% s",&s. xm)；
环境提示	warning：format '% s' expects argument of type 'char * ', but argument 2 has type 'char (*)[20]' [– Wformat =]
问题解析	数组名本身就是地址，这里我们也可以看到，某些环境中给出来的并不是错误，而是警告，而且也能获取到数据，但是不建议这样使用。
解决方案	struct { char xm[20]； int cj； }s； scanf("% s",s. xm)；
问题 54. 结构体	不能企图通过结构体变量名，输出所有成员的值。
问题实例	struct { char xm[20]； int age； int cj； }s； scanf("% s% d% d ",&s)； printf("% s",&s. xm)；

环境提示	（1）warning：format '% s' expects argument of type 'char ＊', but argument 2 has type 'struct ＜ anonymous ＞ ＊' 〔－Wformat＝〕 （2）warning：format '% d' expects a matching 'int ＊' argument 〔－Wformat＝〕 （3）warning：format '% d' expects a matching 'int ＊' argument 〔－Wformat＝〕 （4）warning：format '% s' expects argument of type 'char ＊', but argument 2 has type 'char（＊）〔20〕' 〔－Wformat＝〕
问题解析	本问题依然没有发出错误的警示,也能编译通过,但是让你尝试输入数据并输出时程序会死掉。
解决方案	scanf（ "% s% d% d "，s. xm，&s. age，&s. cj）;
问题55. 结构体	对结构体变量变量进行运算。
问题实例	struct { char xm〔20〕; int age; int cj; }s; s ＋＋; s ＝ s ＋2;
环境提示	error：wrong type argument to increment
问题解析	不能对结构体变量进行算术运算,但同一结构体类型变量可进行赋值运算。
解决方案	s. age ＋＋; s. cj ＋ ＝10;
问题56. 结构体	混淆结构体类型与结构体变量的区别。

问题实例	struct worker
	{
	unsigned char num;
	char name〔20〕;
	};
	worker. num ＝1;

环境提示	error：'worker' undeclared （first use in this function）
问题解析	只是说明一种 struct worker 的结构,但是 c 编译器并没有为这种类型的结构体变量开辟内存空间,因此不能对结构体类型赋值。应用该类型定义一个结构体的变量后,才能对这个变量赋值。

续表

解决方案	struct worker
	{
	unsigned char num;
	char name[20];
	};
	struct worker work;
	work. num = 1;

附录 B　全国计算机等级考试二级 C 语言程序设计考试大纲（2018 年版）

基本要求

1. 熟悉 Visual C ++ 集成开发环境。

2. 掌握结构化程序设计的方法,具有良好的程序设计风格。

3. 掌握程序设计中简单的数据结构和算法并能阅读简单的程序。

4. 在 Visual C ++ 集成环境下,能够编写简单的 C 程序,并具有基本的纠错和调试程序的能力。

考试内容

一、C 语言程序的结构

1. 程序的构成. main 函数和其他函数。

2. 头文件、数据说明、函数的开始和结束标志以及程序中的注释。

3. 源程序的书写格式。

4. C 语言的风格。

二、数据类型及其运算

1. C 语言的数据类型(基本类型、构造类型、指针类型、无值类型)及其定义方法。

2. C 语言运算符的种类、运算优先级和结合性。

3. 不同类型数据间的转换与运算。

4. C 语言表达式类型(赋值表达式、算术表达式、关系表达式、逻辑表达式、条件表达式、逗号表达式)和求值规则。

三、基本语句

1. 表达式语句、空语句、复合语句。

2. 输入输出函数的调用,正确输入数据并正确设计输出格式。

四、选择结构程序设计

1. 用 if 语句实现选择结构。

2. 用 switch 语句实现多分支选择结构。

3. 选择结构的嵌套。

五、循环结构程序设计

1. for 循环结构。

2. while 和 do-while 循环结构。

3. continue 语句和 break 语句。

4. 循环的嵌套。

六、数组的定义和引用

1. 一维数组和二维数组的定义、初始化和数组元素的引用。

2. 字符串与字符数组。

七、函数

1. 库函数的正确调用。

2. 函数的定义方法。

3. 函数的类型和返回值。

4. 形式参数与实际参数,参数值的传递。

5. 函数的正确调用、嵌套调用、递归调用。

6. 局部变量和全局变量。

7. 变量的存储类别(自动、静态、寄存器、外部),变量的作用域和生存期。

八、编译预处理

1. 宏定义和调用(不带参数的宏定义,带参数的宏定义)。

2. "文件包含"处理。

九、指针

1. 地址与指针变量的概念,地址运算符与间址运算符。

2. 一维、二维数组和字符串的地址以及指向变量、数组、字符串、函数、结构体的指针变量的定义。通过指针引用以上各类型数据。

3. 用指针作函数参数。

4. 返回地址值的函数。

5. 指针数组,指向指针的指针。

十、结构体(即"结构")与共同体(即"联合")

1. 用 typedef 说明一个新类型。

2. 结构体和共用体类型数据的定义和成员的引用。

3. 通过结构体构成链表,单向链表的建立,结点数据的输出、删除与插入。

十一、位运算

1. 位运算符的含义和使用。

2. 简单的位运算。

十二、文件操作

只要求缓冲文件系统(即高级磁盘 I/O 系统),对非标准缓冲文件系统(即低级磁盘 I/O 系统)不要求。

1. 文件类型指针(FILE 类型指针)。

2. 文件的打开与关闭(fopen,fclose)。

3. 件的读写(fputc、fgetc、fputs、fgets、fread、fwrite、fprintf、fscanf 函数的应用),文件的定位

（rewind、fseek 函数的应用）

考试方式

上机考试,考试时长 120 分钟,满分 100 分。

1. 题型及分值

单项选择题 40 分（含公共基础知识部分 10 分）。

操作题 60 分（包括程序填空题、程序修改题及程序设计题）。

2. 考试环境

操作系统:中文版 Windows 7。

开发环境:Microsoft Visual C++ 2010 学习版。

附录 C 全国计算机等级考试二级笔试样卷 C 语言程序设计

一、选择题（(1)—(10)、(21)—(40)每题 2 分,(11)—(20)每题 2 分,共 70 分）。下列各题 A)、B)、C)、D)四个选项中,只有一个选项是正确的,请将正确选项涂写在答题卡相应位置上,答在试卷上不得分。

(1)下列选项中不符合良好程序设计风格的是(　　　)。

　　A)源程序要文档化　　　　　　　　B)数据说明的次序要规范化

　　C)避免滥用 goto 语句　　　　　　D)模块设计要保证高耦合、高内聚

(2)从工程管理角度,软件设计一般分为两步完成,它们是(　　　)。

　　A)概要设计与详细设计　　　　　　B)数据设计与接口设计

　　C)软件结构设计与数据设计　　　　D)过程设计与数据设计

(3)下列选项中不属于软件生命周期开发阶段任务的是(　　　)。

　　A)软件测试　　　B)概要设计　　　　C)软件维护　　　　　　D)详细设计

(4)在数据库系统中,用户所见的数据模式为(　　　)。

　　A)概念模式　　　B)外模式　　　　C)内模式　　　　　　　D)物理模式

(5)数据库设计的四个阶段是:需求分析、概念设计、逻辑设计和(　　　)。

　　A)编码设计　　　B)测试阶段　　　C)运行阶段　　　　　　D)物理设计

(6)设有如下 3 个关系表:

R			S			T		
A			B	C		A	B	C
m			1	3		m	1	3
n						n	1	3

下列操作中正确的是(　　　)。

A)T = R∩S　　　　B)T = R∪S　　　　C)T = R×S　　　　D)T = R/S

(7)下列叙述中正确的是(　　)。

A)一个算法的空间复杂度大,则其时间复杂度也必定大

B)一个算法的空间复杂度大,则其时间复杂度必定小

C)一个算法的时间复杂度大,则其空间复杂度必定小

D)上述三种说法都不对

(8)在长度为64的有序线性表中进行顺序查找,最坏情况下需要比较的次数为(　　)。

A)63　　　　　　B)64　　　　　　C)6　　　　　　D)7

(9)数据库技术的根本目标是要解决数据的(　　)。

A)存储问题　　B)共享问题　　C)安全问题　　D)保护问题

(10)对下列二叉树

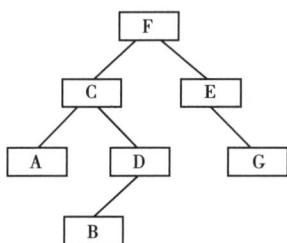

进行中序遍历的结果是(　　)。

A)ACBDFEG　　　　　　　　B)ACBDFGE

C)ABDCGEF　　　　　　　　D)FCADBEG

(11)下列叙述中错误的是(　　)。

A)一个C语言程序只能实现一种算法

B)C程序可以由多个程序文件组成

C)C程序可以由一个或多个函数组成

D)一个C函数可以单独作为一个C程序文件存在

(12)下列叙述中正确的是(　　)。

A)每个C程序文件中都必须要有一个int main()函数

B)在C程序中int main()函数的位置是固定的

C)C程序中所有函数之间都可以相互调用,与函数所在位置无关

D)在C程序的函数中不能定义另一个函数

(13)下列定义变量的语句中错误的是(　　)。

A)int _int;　　B)double int_;　　C)char For;　　D)float US$;

(14)若变量x、y已正确定义并赋值,以下符合C语言语法的表达式是(　　)。

A)++x, y=x－－　　　　　　B)x+1=y

C)x=x+10=x+y　　　　　　D)double(x)/10

(15)以下关于逻辑运算符两侧运算对象的叙述中正确的是(　　)。

A)只能是整数0或1　　　　　B)只能是整数0或非0整数

C)可以是结构体类型的数据　　D)可以是任意合法的表达式

(16)若有定义int x,y;并已正确给变量赋值,则以下选项中与表达式(x－y)?(x++):(y++)中的条件表达式(x－y)等价的是(　　)。

147

A）(x − y > 0)　　B）(x − y < 0)　　　　C）(x − y < 0 ‖ x − y > 0)　　D）(x − y == 0)

(17) 有以下程序

```
int main( )
{
    int x, y, z;
    x = y = 1;
    z = x ++ , y ++ , ++y;
    printf("%d,%d,%d\n", x, y, z);
    return 0;
}
```

程序运行后的输出结果是（　　　）。

A）2, 3, 3　　　　B）2, 3, 2　　　　C）2, 3, 1　　　　　　D）2, 2, 1

(18) 设有定义：int a; float b; 执行 scanf("%2d%f", &a, &b); 语句时，若从键盘输入 876 543.0 <回车>，a 和 b 的值分别是（　　　）。

A）876 和 543.000000　　　　　　B）87 和 6.000000

C）87 和 543.000000　　　　　　D）76 和 543.000000

(19) 有以下程序

```
int main( )
{
    int a = 0, b = 0;
    a = 10;                          /* 给 a 赋值
    b = 20; 给 b 赋值                */
    printf("a + b = %d\n", a + b);   /* 输出计算结果 */
}
```

程序运行后的输出结果是（　　　）。

A）a + b = 10　　B）a + b = 30　　　　C）30　　　　　　　　D）出错

(20) 在嵌套使用 if 语句时，C 语言规定 else 总是（　　　）。

A）和之前与其具有相同缩进位置的 if 配对

B）和之前与其最近的 if 配对

C）和之前与其最近的且不带 else 的 if 配对

D）和之前的第一个 if 配对

(21) 下列叙述中正确的是（　　　）。

A）break 语句只能用于 switch 语句

B）在 switch 语句中必须使用 default

C）break 语句必须与 switch 语句中的 case 配对使用

D）在 switch 语句中，不一定使用 break 语句

(22) 有以下程序

```
int main( )
{
```

```
int k = 5;
while( - - k )
    printf("%d",k - = 3);
printf("\n");
return 0;
}
```

执行后的输出结果是（   ）。

A)1   B)2   C)4   D)死循环

(23)有以下程序

```
int main( )
{
    int i;
    for( i = 1; i < = 40; i ++ )
    {
        if( i ++ % 5 == 0 )
            if( ++ i % 8 == 0 )
                printf("%d ",i);
    }
    printf("\n");
}
```

执行后的输出结果是（   ）。

A)5   B)24   C)32   D)40

(24)以下选项中,值为 1 的表达式是（   ）。

A)1 - '0'   B)1 - '\0'   C)'1' - 0   D)'\0' - '0'

(25)有以下程序

```
fun( int x, int y ){
    return ( x + y );
}
int main( )
{
    int a = 1, b = 2, c = 3, sum;
    sum = fun( ( a ++ ,b ++ ,a + b ),c ++ );
    printf("%d\n",sum);
    return 0;
}
```

执行后的输出结果是（   ）。

A)6   B)7   C)8   D)9

(26)有以下程序

```
int main( )
```

```
{
    char s[ ] = "abcde";
    s + =2;
    printf("%d\n",s[0]);
    return 0;
}
```

执行后的结果是(　　)。

A)输出字符 a 的 ASCII 码　　　　B)输出字符 c 的 ASCII 码

C)输出字符 c　　　　　　　　　　D)程序出错

(27)有以下程序

```
fun(int x, int y)
{
    static int m =0, i =2;
    i + =m +1;
    m =i +x +y;
    return m;
}
int main( )
{
    int j =1, m =1, k;
    k =fun(j,m);
    printf("%d,",k);
    k =fun(j,m);
    printf("%d\n",k);
    return 0;
}
```

执行后的输出结果是(　　)。

A)5, 5　　　　　B)5, 11　　　　　　C)11, 11　　　　　　　　D)11, 5

(28)有以下程序

```
fun(int x)
{
    int p;
    if(x ==0 || x ==1)
        return(3);
    p =x -fun(x -2);
    return p;
}
int main( )
{
```

```
        printf("%d\n",fun(7));
        return 0;
    }
```

执行后的输出结果是(   )。

A)7   B)3   C)2   D)0

(29)在16位编译系统上,若有定义 int a[ ] = {10,20,30}, *p = &a;,当执行 p ++ ;后,下列说法错误的是(   )。

A)p 向高地址移了一个字节   B)p 向高地址移了一个存储单元

C)p 向高地址移了两个字节   D)p 与 a + 1 等价

(30)有以下程序

```
    int main()
    {
        int a = 1, b = 3, c = 5;
        int *p1 = &a, *p2 = &b, *p = &c;
        *p = *p1 * (*p2);
        printf("%d\n",c);
        return 0;
    }
```

执行后的输出结果是(   )。

A)1   B)2   C)3   D)4

(31)若有定义:int w[3][5];,则以下不能正确表示该数组元素的表达式是(   )。

A) *(*w + 3)   B) *(w + 1)[4]

C) *(*(w + 1))   D) *(&w[0][0] + 1)

(32)若有以下函数首部

int fun(double x[10], int *n)

则下面针对此函数的函数声明语句中正确的是(   )。

A)int fun(double x, int *n);   B)int fun(double , int);

C)int fun(double *x, int n);   D)int fun(double * , int *);

(33)有以下程序

```
    void change(int k[ ]){
        k[0] = k[5]; }
    int main()
    {
        int x[10] = {1,2,3,4,5,6,7,8,9,10},n = 0;
        while( n < =4 )   {
            change( &x[n]);
            n ++;
        }
        for(n = 0; n < 5; n ++)
```

```
            printf("%d",x[n]);
        printf("\n");
        return 0;
    }
```

程序运行后输出的结果是(　　)。

A)6 7 8 9 10　　B)1 3 5 7 9　　　　　C)1 2 3 4 5　　　　　　D)6 2 3 4 5

(34)有以下程序

```
    int main()
    {
        int x[3][2] = {0}, i;
        for(i = 0; i < 3; i++)
            scanf("%d",x[i]);
        printf("%3d%3d%3d\n",x[0][0],x[0][1],x[1][0]);
    }
```

若运行时输入:2 4 6<回车>,则输出结果为(　　)。

A)2　　0　　0　　　B)2　　0　　4　　　　C)2　　4　　0　　　　　　D)2　　4　　6

(35)有以下程序

```
    int add( int a,int b){
        return (a + b);
    }
    int main()
    {
        int k, ( * f)( ), a = 5,b = 10;
        f = add;
        …
        return 0;
    }
```

则以下函数调用语句错误的是(　　)。

A)k = (* f)(a,b);　　　　　　　B)k = add(a,b);

C)k = * f(a,b);　　　　　　　　D)k = f(a,b);

(36)有以下程序

```
    #include <stdio.h>
    intmain( int argc, char * argv[ ])
    {
        int i = 1,n = 0;
        while (i)
        printf("%d\n",n);
    }
```

该程序生成的可执行文件名为:proc.exe。若运行时输入命令行:

proc　123　45　67

则程序的输出结果是(　　)。

A)3　　　　　　　　B)5　　　　　　　　C)7　　　　　　　　D)11

(37)有以下程序

```
# include < stdio. h >
# define   N   5
# define   M   N + 1
# define   f(x)   (x * M)
int main( )
{
    int i1, i2;
    i1 = f(2);
    i2 = f(1 + 1);
    printf("% d  % d\n", i1, i2);
    return 0;
}
```

程序的运行结果是(　　)。

A)12　12　　　　B)11　7　　　　　　C)11　11　　　　　　D)12　7

(38)有以下结构体说明、变量定义和赋值语句

```
struct STD
{
    char name[10];
    int age;
    char sex;
} s[5], * ps;
ps = &s[0];
```

则以下 scanf 函数调用语句中错误引用结构体变量成员的是(　　)。

A)scanf("% s", s[0]. name);　　　B)scanf("% d", &s[0]. age);

C)scanf("% c", &(ps - > sex));　　D)scanf("% d", ps - > age);

(39)若有以下定义和语句

```
union data
{
    int i;
    char c;
    float f;
} x;
int y;
```

则以下语句正确的是(　　)。

A)x = 10.5;　　　　　　　　　　　　B)x. c = 101;

C)y = x;   D)printf("%d\n",x);
(40)有以下程序
　　　#include <stdio.h>
　　　int main()
　　　{
　　　　　FILE *fp;int i;
　　　　　char ch[] = "abcd",t;
　　　　　fp = fopen("abc.dat","wb+");
　　　　　for(i = 0; i < 4; i ++)
　　　　　　　fwrite(&ch[i],1,1,fp);
　　　　　fseek(fp, -2L,SEEK_END);
　　　　　fread(&t,1,1,fp);
　　　　　fclose(fp);
　　　　　printf("%c\n",t);
　　　}

　　程序执行后的输出结果是(　　　　)。
　　A)d   B)c   C)b   D)a

二、**填空题**(每空 2 分,共 30 分)
请将每一个空的正确答案写在答题卡【1】至【15】序号的横线上,答在试卷上不得分。
(1)下列软件系统结构图的宽度为　　【1】　　。

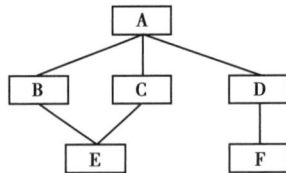

(2)　　【2】　　的任务是诊断和改正程序中的错误。
(3)一个关系表的行称为　　【3】　　。
(4)按"先进后出"原则组织数据的数据结构是　　【4】　　。
(5)数据结构分为线性结构和非线性结构,带链的队列属于　　【5】　　。
(6)设有定义:float x = 123.4567;,则执行以下语句后的输出结果是　【6】　。
printf("%f\n",(int)(x * 100 + 0.5)/100.0);
(7)以下程序运行后的输出结果是　　【7】　　。
　　　int main()
　　　{
　　　　　int m = 011,n = 11;
　　　　　printf("%d %d\n", ++m, n ++);
　　　}
(8)以下程序运行后的输出结果是　　【8】　　。
　　　int main()

```
    {
        int x,a = 1,b = 2,c = 3,d = 4;
        x = ( a x = ( x    x = ( d > x) ? x : d;
        printf("%d\n",x);
        return 0;
    }
```

(9) 有以下程序,若运行时从键盘输入:18,11 < 回车 >,则程序的输出结果是 ___【9】___ 。

```
    int main()
    {
        int a,b;
        printf("Enter a,b:");
        scanf("%d,%d",&a,&b);
        while(a! = b)
        {
            while(a > b)
                a - = b;
            while(b > a)
                b - = a;
        }
        printf("%3d%3d\n",a,b);
        return 0;
    }
```

(10) 以下程序的功能是:将输入的正整数按逆序输出。例如:若输入 135 则输出 531。请填空。

```
    #include <stdio.h>
    int main()
    {
        int n,s;
        printf("Enter a number : ");
        scanf("%d",&n);
        printf("Output:");
        do
        {
            s = n%10;
            printf("%d",s);
            ___【10】___ ;
        }while(n! = 0);
        printf("\n");
        return 0;
```

```
        }
```

（11）以下程序中，函数 fun 的功能是计算 x2 - 2x + 6，主函数中将调用 fun 函数计算：

y1 = (x + 8)2 - 2 (x + 8) + 6

y2 = sin2(x) - 2sin(x) + 6

请填空。

```
#include <stdio.h>
#includde "math.h"
double fun(double x){
    return (x * x - 2 * x + 6);
}
int main()
{
     double x,y1,y2;
    printf("Enter x:");
    scanf("%lf",&x);
    y1 = fun(  【11】  );
    y2 = fun(  【12】  );
    printf("y1 = %lf,y2 = %lf\n", 【13】 , 【14】 );
    return 0;
}
```

（12）下面程序的运行结果是：【15】。

```
#include <stdio.h>
int f(int a[],int n)
{
    if(n>1)
        return a[0] + f(a+1, n-1);
    else
        return a[0];
}
int main()
{
    int aa[10] = {1,2,3,4,5,6,7,8,9,10}, s;
    s = f(aa+2,4);
    printf("%d\n", s);
}
```